かならず作れる

美しい
ユニット折り紙

Kusudama Unit ORIGAMI　　Mio Tsugawa

つがわ みお

全作品に組み方の
ポイント解説つき

日本文芸社

はじめに

美しいくす玉の世界へ、ようこそ。

人はなぜ、くす玉に惹かれるのでしょう。なぜその形を美しいと思うのでしょう。くす玉に出会うと心が踊ります。惹きつけられます。できればその形を自分の手でつくってみたくなります。まるで私たちの遺伝子に、はじめからそう感じるようプログラムされているかのようです。

その感情にさからう必要は、どこにもありません。この本を手に取ったあなたとあなたの遺伝子は、きっと本のくす玉に共鳴したのです。

さぁ、あなたが惹かれるその形を、あなたの手で実際に再現してください。

つがわ みお

目次

◎折り図の記号 ……………………… 6
◎組み方の基本 ……………………… 8
◎組み図の記号 ……………………… 9
◎12枚組の組み方 ………………… 30
◎30枚組の組み方 ………………… 32

【コラム】
・「梅」物語 …………………………… 59
・「ロージーローズ」in シックスセンス …… 91
・余白から生まれる「カレイドスコープ」 …… 109

1	曼荼羅（まんだら）	………… 10、36
2	曼荼羅デコレーションパーツ クォータースクエア	………… 10、39
3	インパルション	………… 11、42
4	インパルション アレンジ 1	………… 11、47
5	インパルション アレンジ 2	………… 12、48
6	インパルション アレンジ 3	………… 12、49
7	シンプルペタル	………… 13、50
8	梅（うめ）	………… 13、54
9	ひなのたき	………… 14、60
10	ひなのたき アレンジ	………… 14、65
11	パッサカリア	………… 15、66

12 ポルカ	………………… 16、70
13 ポルカ アレンジ	………………… 17、76
14 マズルカ	………………… 18、77
15 ききょうA モジュラータイプ	………………… 19、78
16 ききょうB ボンドタイプ	………………… 19、84
17 ロージーローズ in ききょう	………………… 20、88
18 匂桜 (においざくら)	………………… 22、92
19 匂桜 アレンジ	………………… 22、95
20 トゥワイナー	………………… 23、98
21 カレイドスコープ	………………… 24、102
22 クォーター・F	………………… 24、105

23 富士(ふじ) ……… 25、106	29 長いゆびきり(なが) ……… 28、120
24 六芒星(ろくぼうせい) ……… 25、107	30 はばたき ……… 28、125
25 ひと結び(むす) ……… 26、110	31 旋風(つむじかぜ) ……… 29、126
26 飾りリボン(かざ) ……… 26、113	32 辻風(つじかぜ) ……… 29、127
27 ふじ結び(むす) ……… 27、114	
28 ビアノット ……… 27、116	

折り図の記号

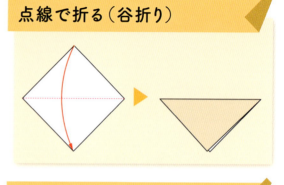

点線で折る（谷折り）

折り目をつける
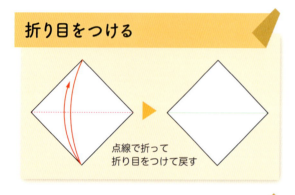

点線で折って折り目をつけて戻す

向こう側に折る（山折り）
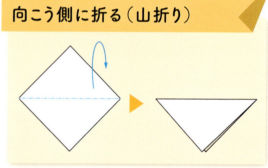

裏返す
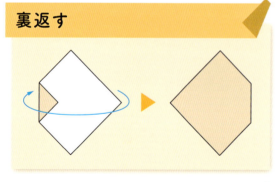

ポイントを合わせるように折る
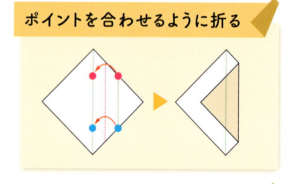

開く
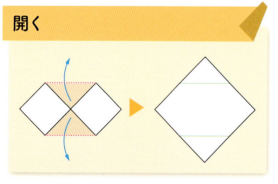

向きを変える
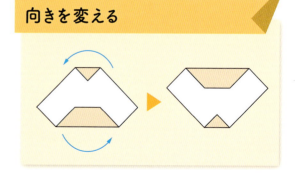

拡大

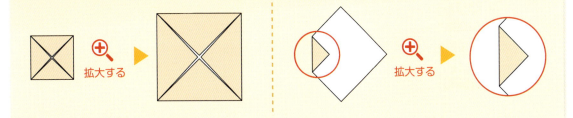

指を入れて開いてから折る

中に押し込む（中割り折り）

中に差し込む

組み方の基本

　本書で紹介する作品の単体ユニットには「フラップ（継ぎ手）」と「ポケット（すきま）」があります。フラップをポケットに差し込んでユニットを合体させ、それをつなぎ合わせていくことにより、作品が完成します。

　ユニットの数を変えると作品完成時の形は変わりますが、ここでは基本パターンである「12枚」と「30枚」の組み方を紹介します。

　また、60枚のユニットを使用する曼荼羅、接着剤を使用する匂桜、複数のユニットを一緒に巻くトゥワイナーなどの特殊なパターンについては、各作品のページで詳しく紹介しています。

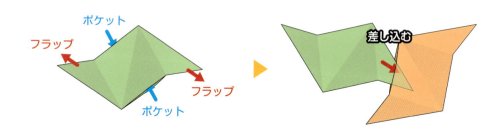

例：7 シンプルペタル（50ページ）

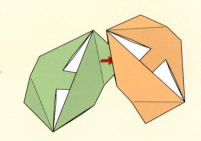

きれいな作品をつくるポイント

本書の作品は基本的に7.5cm四方の折り紙を使用しています。ただし、細長い形や15cm四方の折り紙などを使用する場合もあるので、詳しくは各作品のページを確認してください。

紙を折る際は、**角**や**線をきちんとそろえる**ことが大切です

フラップはポケットの**奥までしっかり**差し込みましょう

組み図の記号

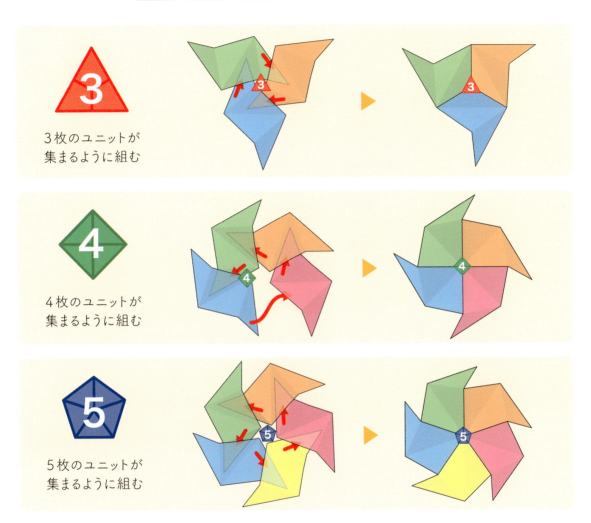

3枚のユニットが集まるように組む

4枚のユニットが集まるように組む

5枚のユニットが集まるように組む

フラップが抜けやすいときは、接着剤を使ってつなぎ合わせても大丈夫です

フラップが入りづらいときにはつまようじでポケット内に通り道をつくったり、紙をねじるときはつまようじに巻いたりするときれいに仕上がります

細部の緻密な折り作業をするときは、ピンセットを使うときれいに折ることができます

2 曼荼羅デコレーションパーツ
クォータースクエア
▶作り方…39ページ

60枚組

1 曼荼羅
▶作り方…36ページ

60枚組

3 インパルション
▶ 作り方…42ページ

30枚組

30枚組

4 インパルション アレンジ1
▶ 作り方…47ページ

5 インパルション アレンジ 2
▶作り方…48ページ

30枚組

6 インパルション アレンジ 3
▶作り方…49ページ

30枚組

7 シンプルペタル
▶ 作り方…50ページ

30枚組

12枚組

12枚組

8 梅
▶ 作り方…54ページ

30枚組

9 ひなのたき
▶ 作り方…60ページ

30枚組

12枚組

12枚組

10 ひなのたき アレンジ
▶ 作り方…65ページ

30枚組

11 パッサカリア

▶ 作り方…66ページ

12枚組

30枚組

12 ポルカ

▶ 作り方…70ページ

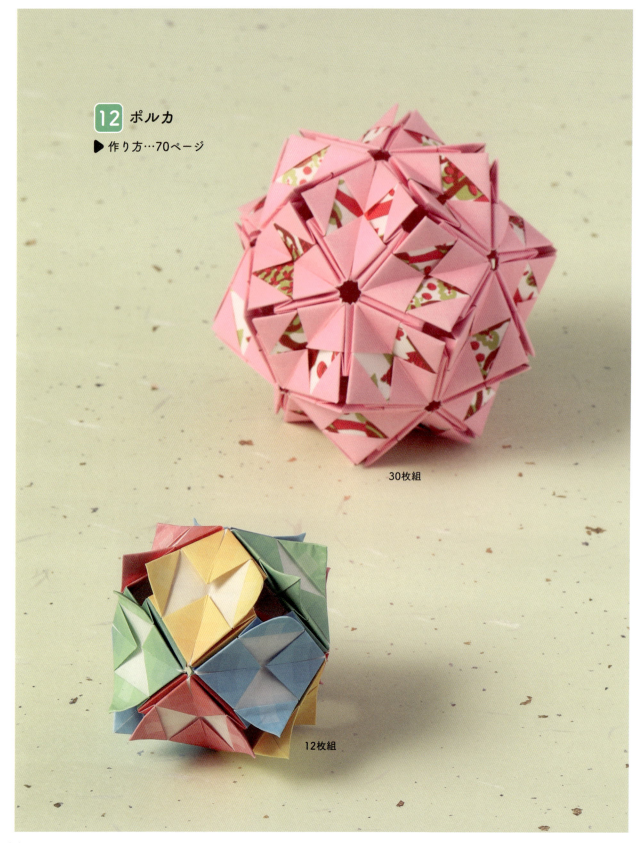

30枚組

12枚組

12枚組

30枚組

13 ポルカ アレンジ
▶ 作り方…76ページ

14 マズルカ
▶作り方…77ページ

12枚組

30枚組

12枚組

15 ききょうA モジュラータイプ
▶ 作り方…78ページ

12枚組

16 ききょうB ボンドタイプ
▶ 作り方…84ページ

17 ロージーローズ in ききょう
▶ 作り方…88ページ

18 匂桜
▶作り方…92ページ

30枚組

19 匂桜 アレンジ
▶作り方…95ページ

30枚組

20 トゥワイナー
▶作り方…98ページ

12枚組

30枚組

21 カレイドスコープ
▶ 作り方…102ページ

30枚組

12枚組

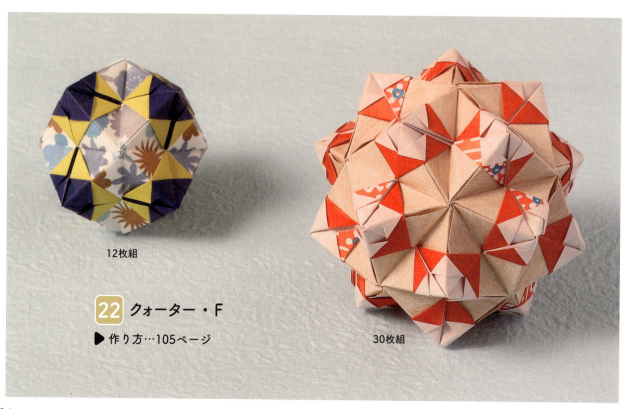

12枚組

22 クォーター・F
▶ 作り方…105ページ

30枚組

12枚組

23 富士
▶ 作り方…106ページ

30枚組

24 六芒星
▶ 作り方…107ページ

12枚組

30枚組

25 ひと結び

▶ 作り方…110ページ

30枚組

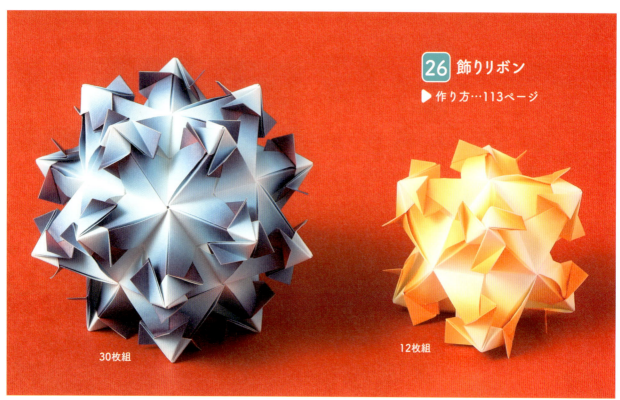

26 飾りリボン

▶ 作り方…113ページ

30枚組

12枚組

12枚組

27 ふじ結び

▶作り方…114ページ

30枚組

28 ビアノット

▶作り方…116ページ

30枚組

29 長いゆびきり

▶ 作り方…120ページ

30枚組　　12枚組

12枚組

30枚組

30 はばたき

▶ 作り方…125ページ

31 旋風
▶ 作り方…126ページ

12枚組

30枚組

32 辻風
▶ 作り方…127ページ

12枚組

30枚組

29

12枚組の組み方

同じユニットを12枚用意する

※ユニットの折り方は36ページ以降で紹介しています。

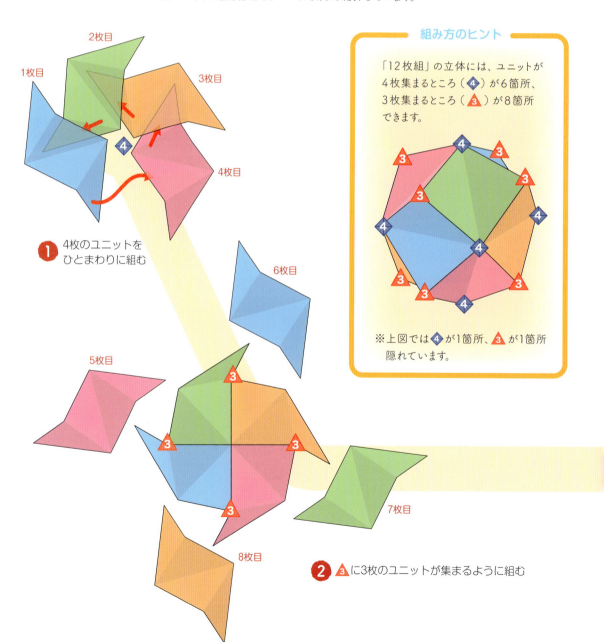

組み方のヒント

「12枚組」の立体には、ユニットが4枚集まるところ（4）が6箇所、3枚集まるところ（3）が8箇所できます。

※上図では 4 が1箇所、3 が1箇所隠れています。

❶ 4枚のユニットをひとまわりに組む

❷ 3 に3枚のユニットが集まるように組む

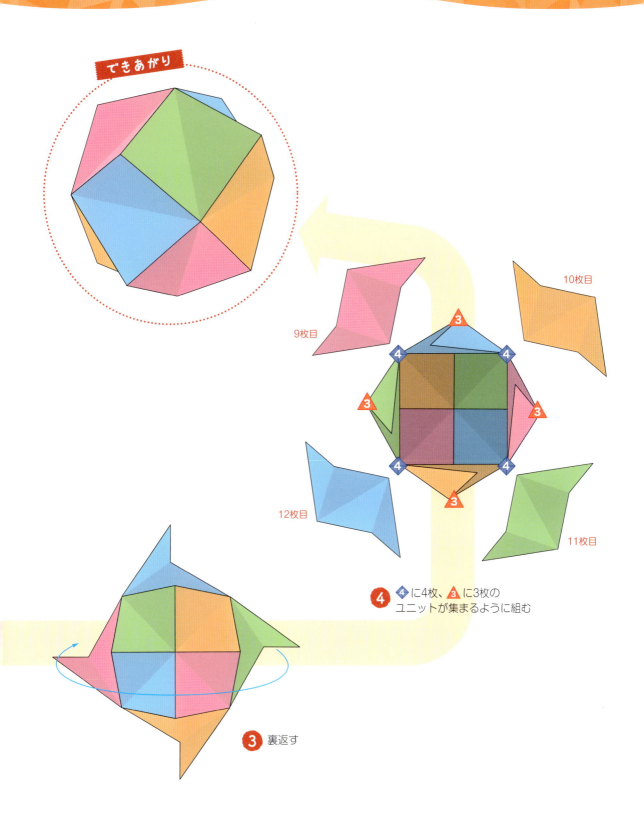

30枚組の組み方

同じユニットを30枚用意する

※ユニットの折り方は36ページ以降で紹介しています。

組み方のヒント

「30枚組」の立体には、ユニットが5枚集まるところ（5）が12箇所、3枚集まるところ（3）が20箇所できます。

※右図では 5 が6箇所、3 が7箇所隠れています。

5枚のユニットが集まる 5 から組み始める場合

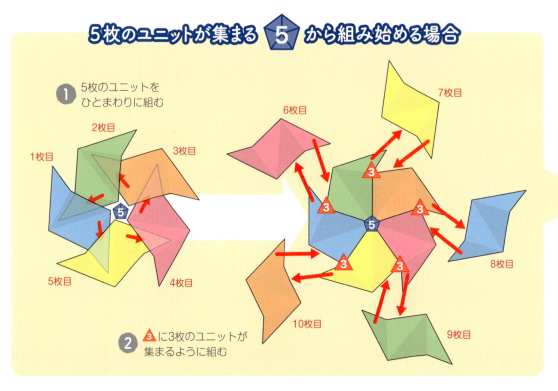

❶ 5枚のユニットをひとまわりに組む

❷ 3 に3枚のユニットが集まるように組む

3枚のユニットが集まる ▲3 から組み始める場合

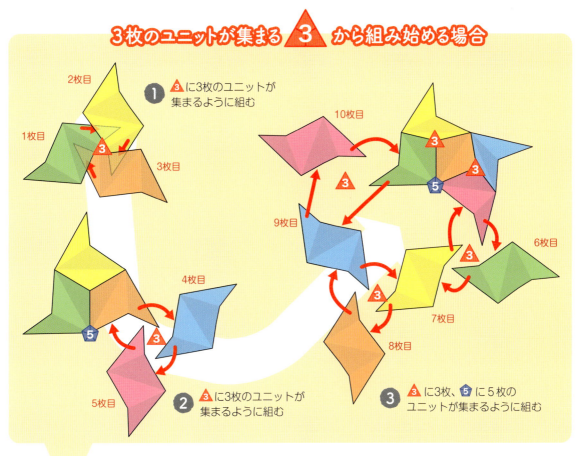

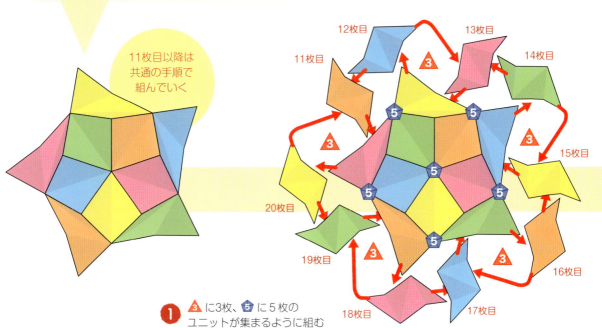

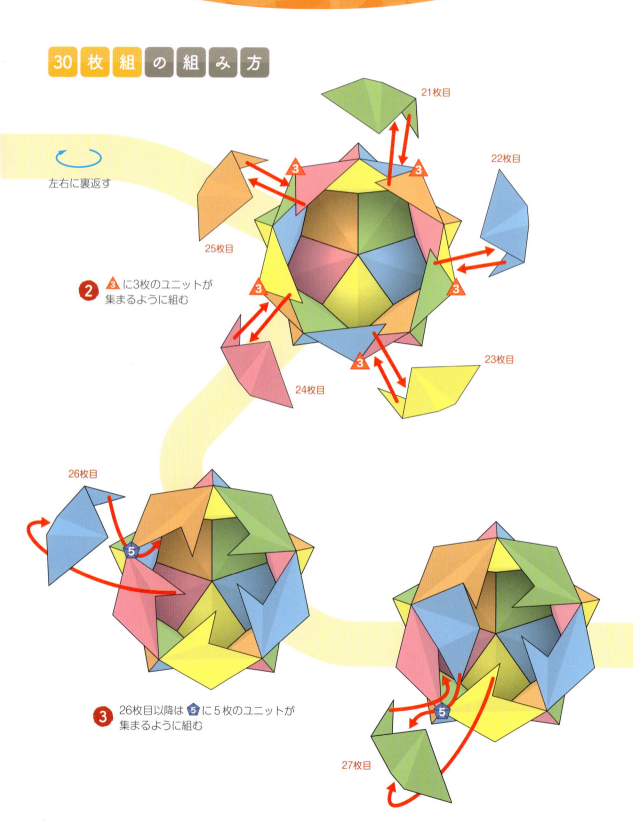

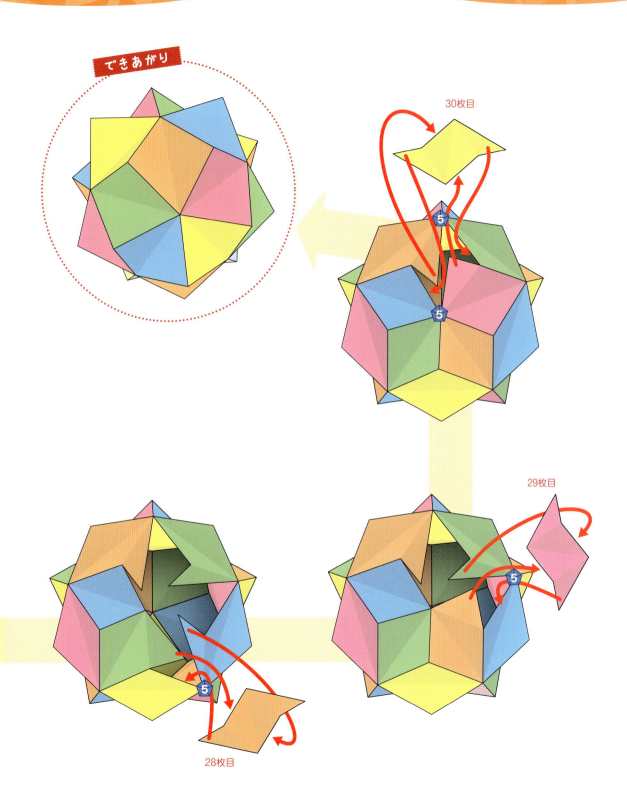

曼荼羅

▶作品… 10ページ　▶組み方… 40ページ参照　▶用意するもの… 折り紙60枚

正多面体を仕切るくす玉のパーツが整然と密集し、まるで曼荼羅絵図のようです。
どの仕切りがひとつのパーツなのか、組み立てる時にナゾが解けます。

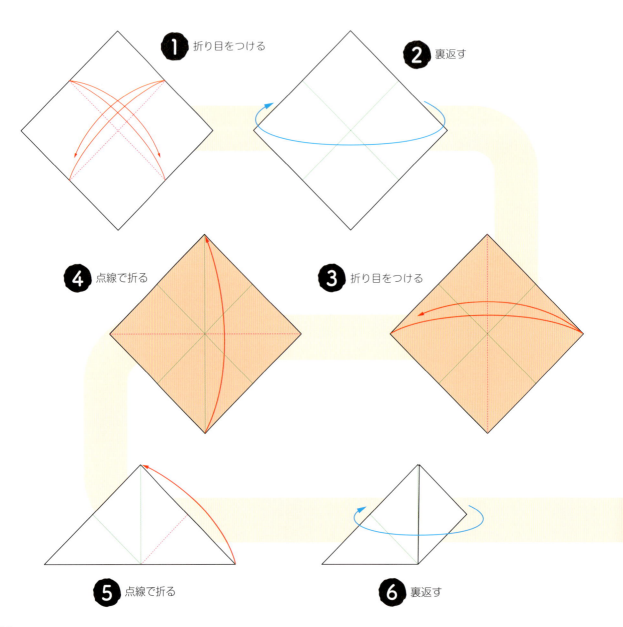

❶ 折り目をつける

❷ 裏返す

❸ 折り目をつける

❹ 点線で折る

❺ 点線で折る

❻ 裏返す

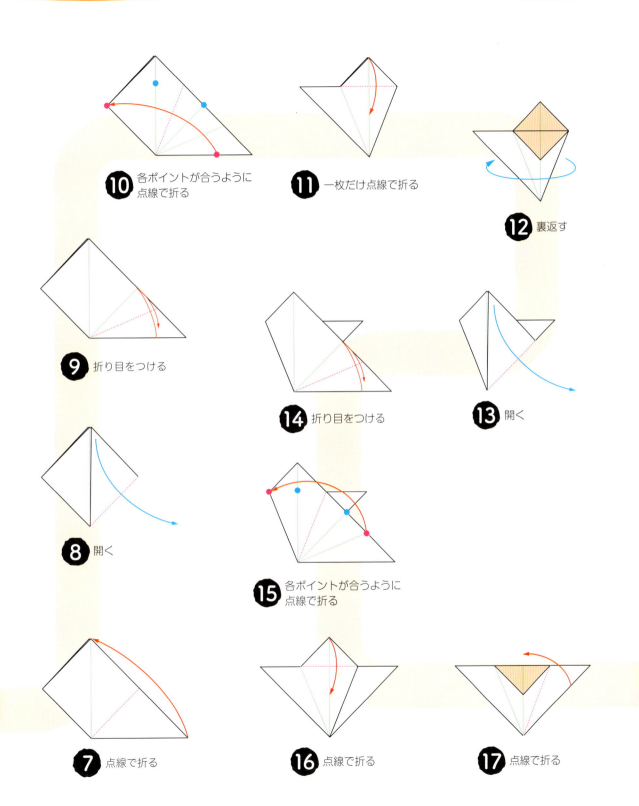

1 曼荼羅

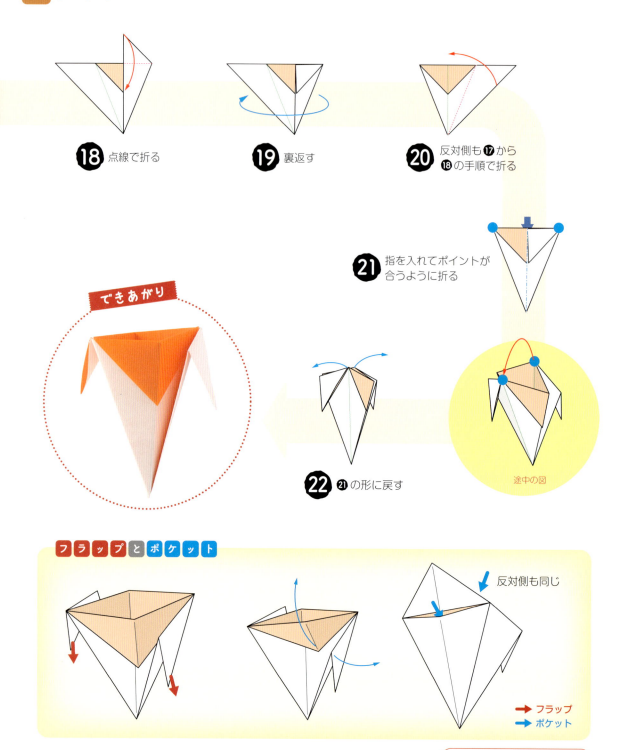

⓳ 点線で折る

⓳ 裏返す

⓴ 反対側も⓱から⓲の手順で折る

㉑ 指を入れてポイントが合うように折る

途中の図

㉒ ㉑の形に戻す

できあがり

フラップ と ポケット

反対側も同じ

→ フラップ
→ ポケット

▶ 組み方のポイントは40ページ

2 QUARTER SQUARE
曼荼羅デコレーションパーツ
クォータースクエア

▶作品…10ページ　▶組み方…40ページ参照
▶用意するもの…曼荼羅のパーツ、曼荼羅で使ったのと同じ大きさの折り紙15枚（1/4に切る）

曼荼羅専用のデコレーションパーツです。「曼荼羅」にセットすると全体の印象ががらりと変わり、新しいカタチの魅力に出会えます。

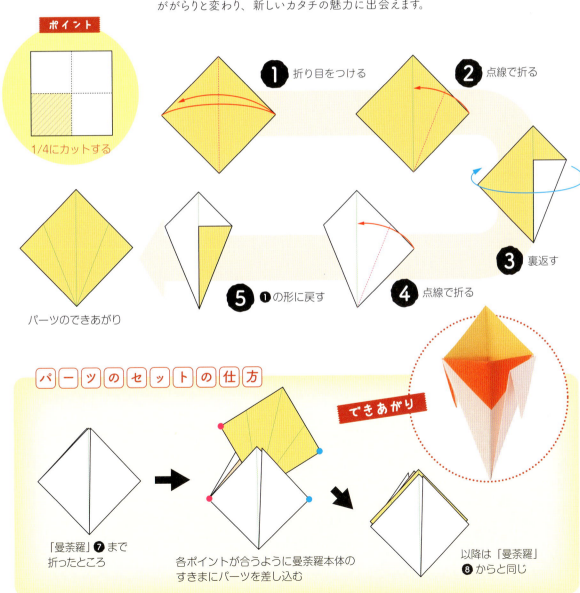

組み方のポイント

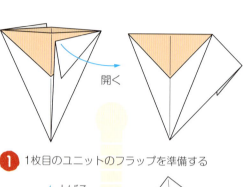

❶ 1枚目のユニットのフラップを準備する

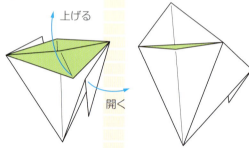

❷ 2枚目のユニットのポケットを準備する

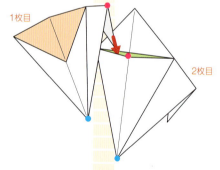

❸ 各ポイントが合うようにフラップをポケットに差し込む

ポイント
ポケットの位置に注意

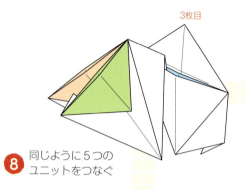

❽ 同じように5つのユニットをつなぐ

❼ フラップを準備する

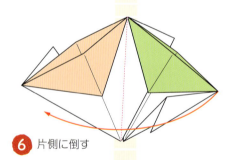

❻ 片側に倒す

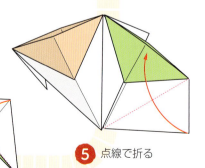

❺ 点線で折る

❹ 点線で折る

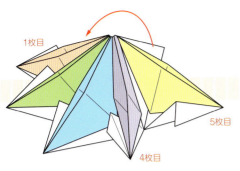

❾ くるりと輪にして 1枚目と5枚目のユニットをつなぐ

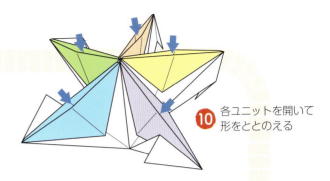

❿ 各ユニットを開いて形をととのえる

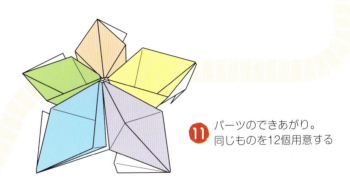

⓫ パーツのできあがり。同じものを12個用意する

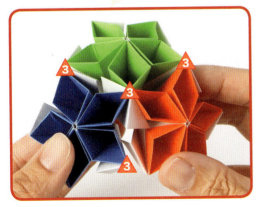

⓬ 3に3つのパーツが集まるように組んでいく

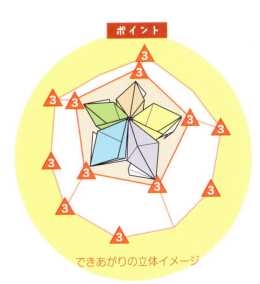

ポイント

できあがりの立体イメージ

3 IMPULSION
インパルション

▶作品…11ページ　▶組み方…44ページ参照　▶用意するもの…折り紙30枚

Impulsion とは、衝撃や衝動、駆動などを意味する英語です。通常とは違ったユニークな組み立て方が、あなたを興味という情動に駆り立てるかもしれません。

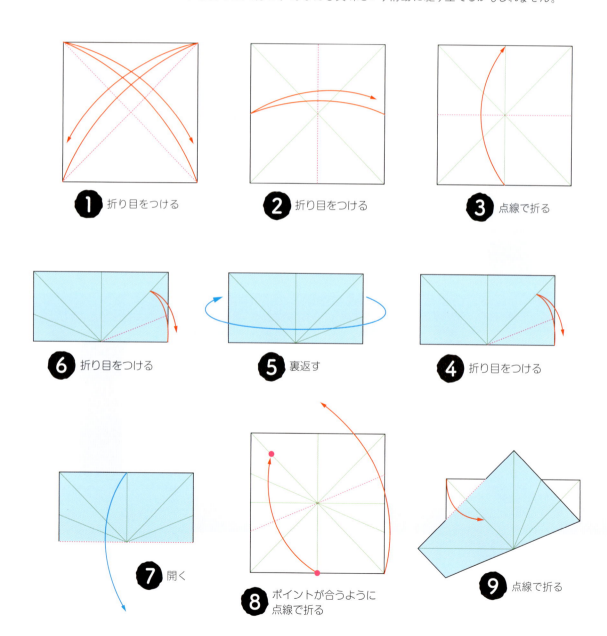

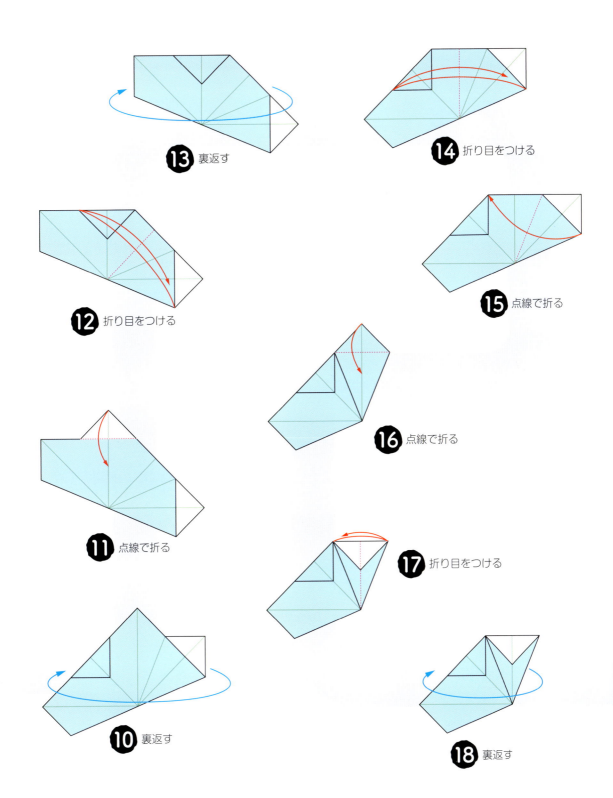

3 インパルション

❶⓽ 反対側も❶⓯から❶⓱の手順で折る

❷⓪ 4箇所とも開く

できあがり

フラップ と ポケット

反対側も同じ

→ フラップ
→ ポケット

組み方のポイント

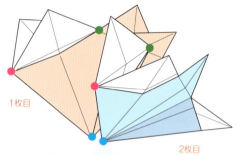

1枚目　2枚目

❶ 各ポイントが合うように2枚のユニットを重ねる

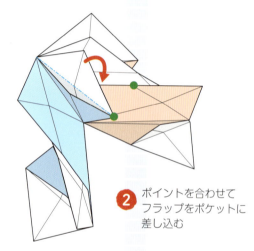

❷ ポイントを合わせてフラップをポケットに差し込む

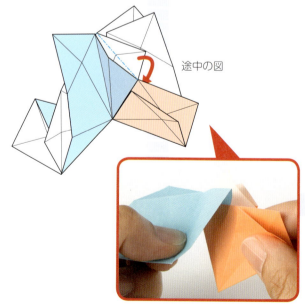

途中の図

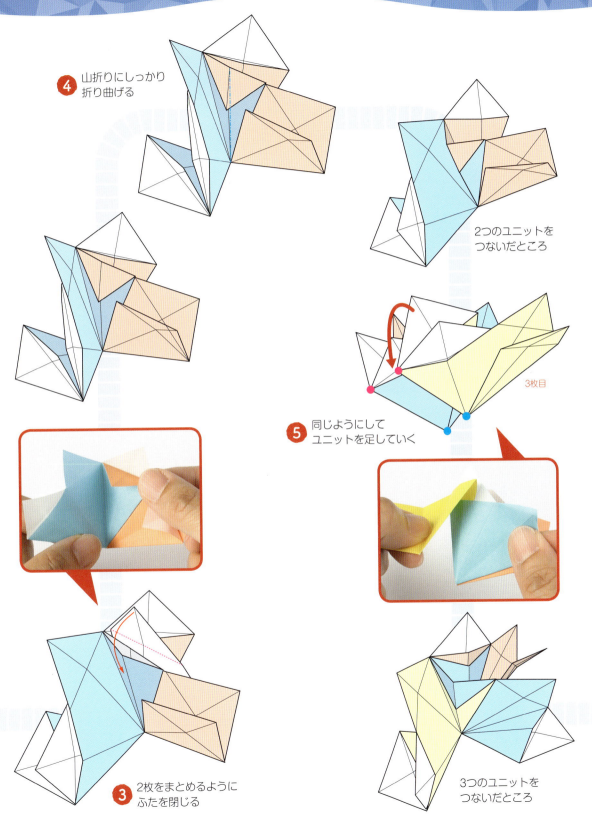

3 インパルション

4枚目

4つのユニットを
つないだところ

ポイント

5には5つのパーツが集まる

❻ 5つのユニットをつないだら
1枚目のユニットとつないで閉じる

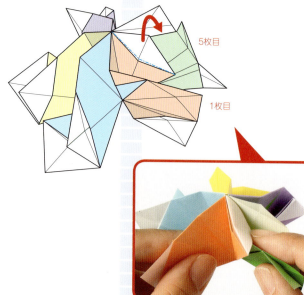

5枚目
1枚目

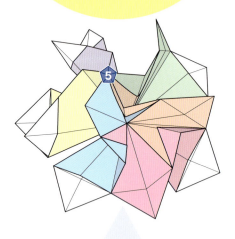

5つのユニットを
つないだところ

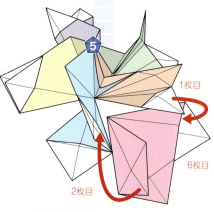

1枚目
6枚目
2枚目

❼ 同じように
ユニットを足していく

4 IMPULSION ARRANGEMENT1
インパルション アレンジ1

▶作品…11ページ　▶組み方…44ページ参照　▶用意するもの…折り紙30枚

紙の裏面の出る部分が、まるで紙吹雪のようです。単色で統一しても、多色でまとめても、繊細な破片が作品の中でひらひらと可憐に舞います。

「インパルション（42ページ）」の❶❶まで折ってからはじめる

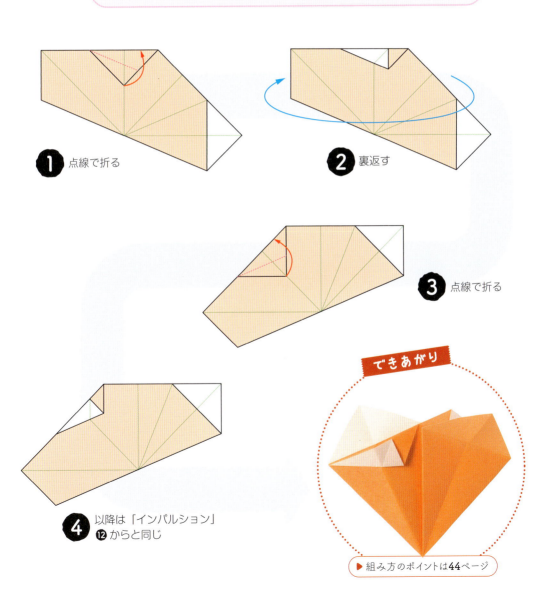

❶ 点線で折る

❷ 裏返す

❸ 点線で折る

❹ 以降は「インパルション」❶❷からと同じ

でき上がり

▶組み方のポイントは44ページ

IMPULSION ARRANGEMENT 2
インパルション アレンジ2

▶作品…12ページ　▶組み方…44ページ参照　▶用意するもの…折り紙30枚

小さな変化でもその存在感は抜群です。裏表に色差のある紙を使うと、より強いアクセントになります。

「インパルション（42ページ）」の⓫まで折ってからはじめる

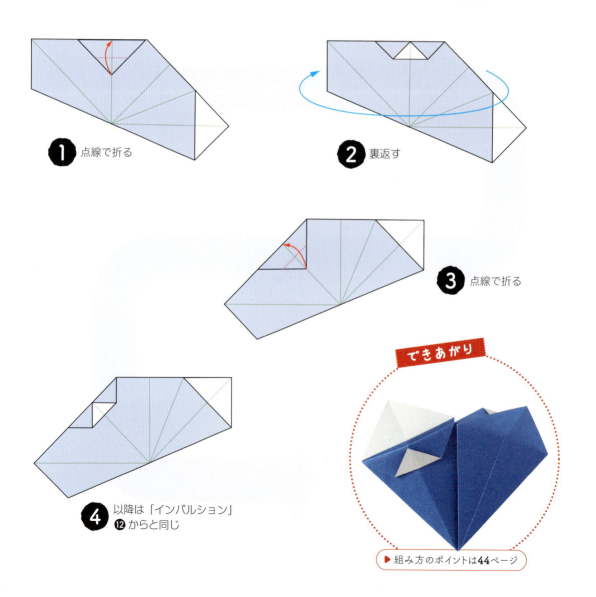

❶ 点線で折る

❷ 裏返す

❸ 点線で折る

❹ 以降は「インパルション」⓬からと同じ

できあがり

▶組み方のポイントは44ページ

48

6 IMPULSION ARRANGEMENT 3
インパルション アレンジ3

▶作品…12ページ　▶組み方…44ページ参照　▶用意するもの…折り紙30枚

紙吹雪が作品の輪郭を飛び出し、全体の形を奇抜に変化させています。組んだ後に「可愛くなれ」「かっこよくなれ」と唱えながら整えると、形が答えてくれます。

「インパルション アレンジ2（48ページ）」の❸まで折ってからはじめる

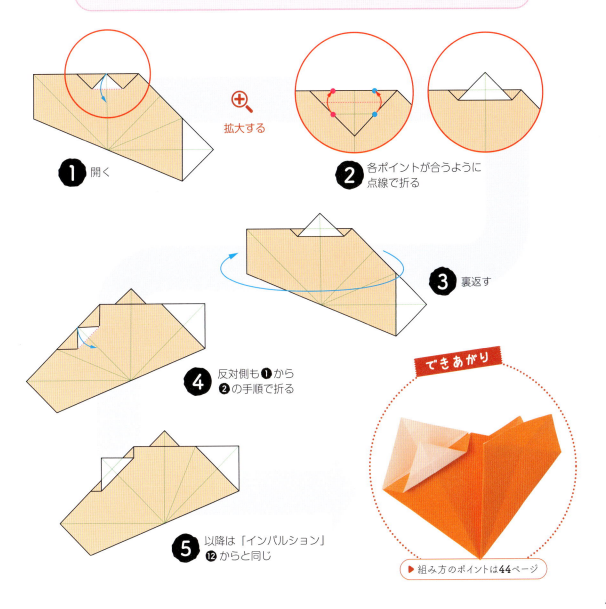

❶ 開く

拡大する

❷ 各ポイントが合うように点線で折る

❸ 裏返す

❹ 反対側も❶から❷の手順で折る

❺ 以降は「インパルション」❷からと同じ

できあがり

▶組み方のポイントは44ページ

SIMPLE PETAL

シンプルペタル

▶作品…13ページ　▶組み方…30、32ページ参照　▶用意するもの…折り紙12枚または30枚、接着剤

簡潔さは美の表現のひとつです。単純ですっきりとしたひとえの花びら（petal）が、全体の美しさを際立たせます。

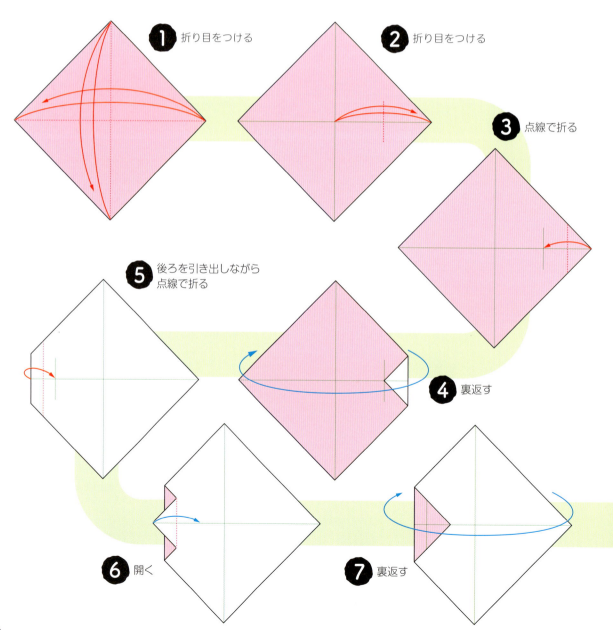

50

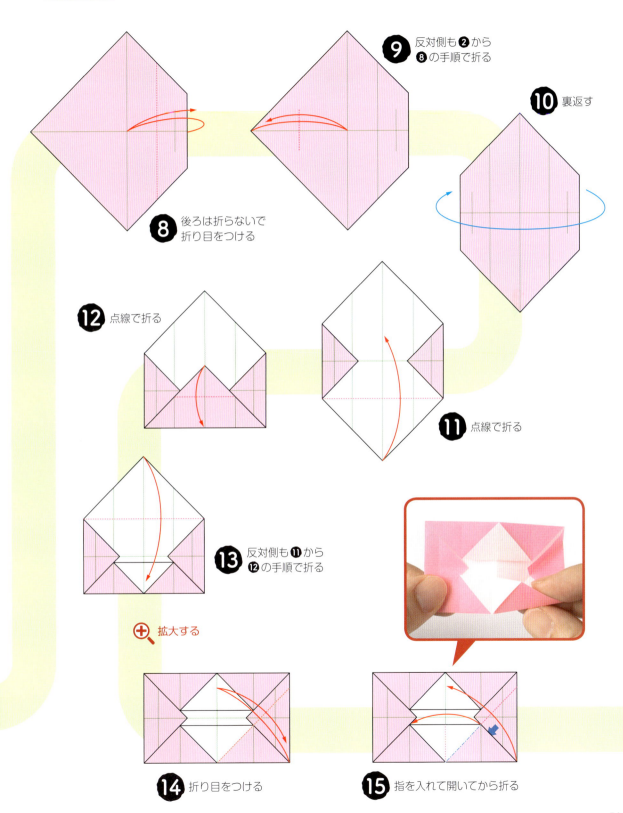

7 シンプルペタル

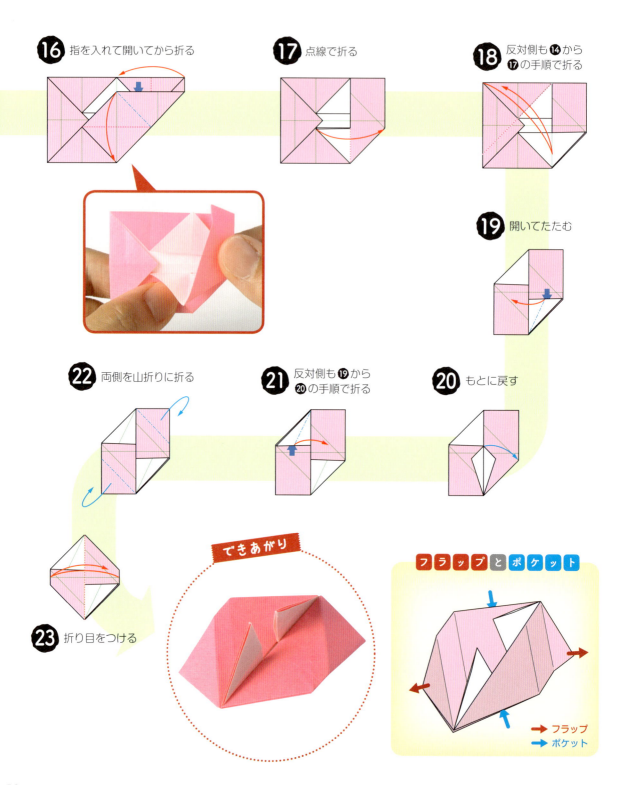

組み方のポイント

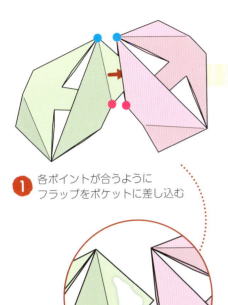

① 各ポイントが合うように
フラップをポケットに差し込む

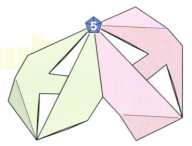

② ⑤のポイントを中心に
5つのユニットをひとまわりに組む

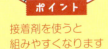

ポイント
接着剤を使うと
組みやすくなります

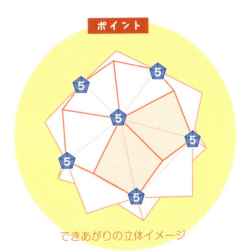

ポイント
できあがりの立体イメージ

花の開き方

作品を組み終えたら丸く開く

8　JAPANESE PLUM

梅

▶作品…13ページ　▶組み方…30、32ページ参照　▶用意するもの…折り紙12枚または30枚

形の繊細さを引き出すのは、紙の裏表の色の差と折り方の丁寧さです。ひとつひとつ花弁を開く最後の瞬間は、愛でるように大切に。

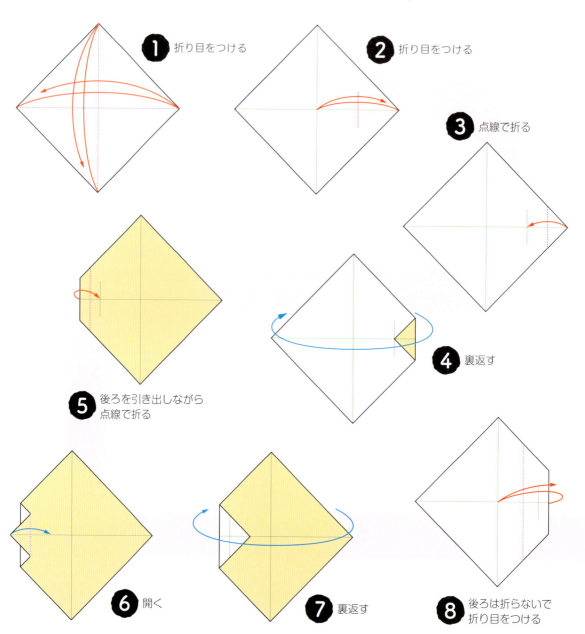

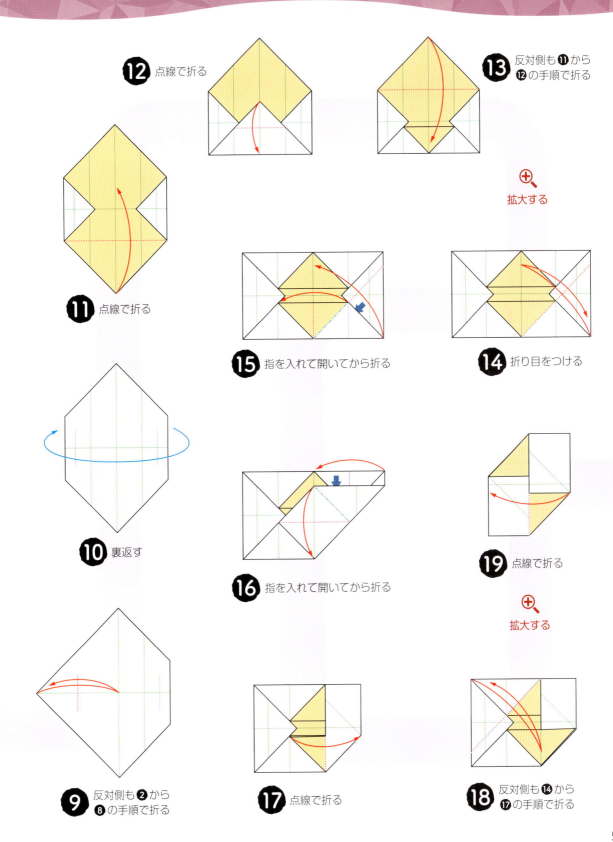

8 梅

⑳ 開く

㉑ 開く

㉒ 各ポイントが
合うように
点線で折る

㉓ ポイントが
合うようにたたむ

㉔ 指を入れて開く

㉕ 点線で折る

㉖ 中に押し込むように折る

㉗ 点線で折る

㉘ 反対側も⑲から
㉗の手順で折る

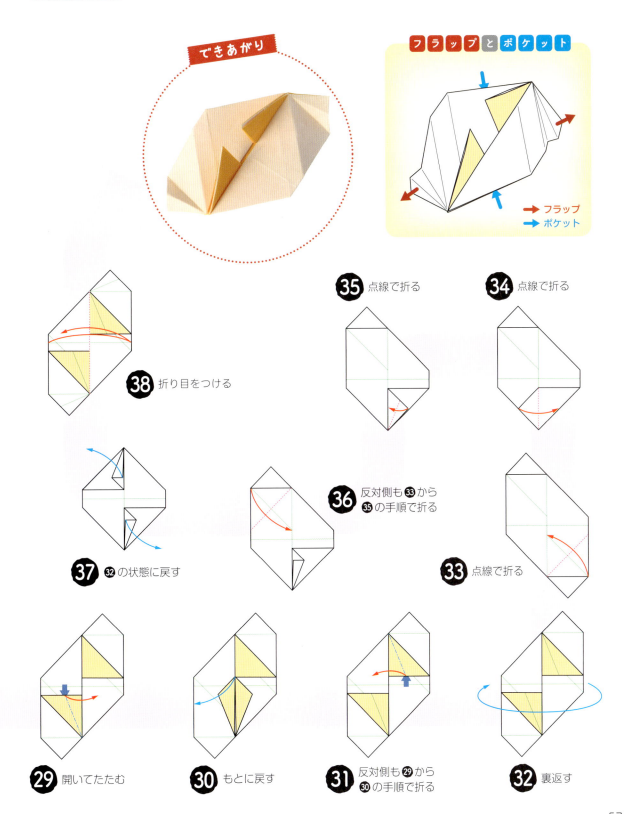

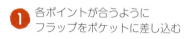

1 各ポイントが合うように
フラップをポケットに差し込む

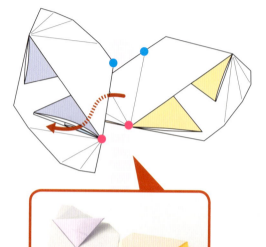

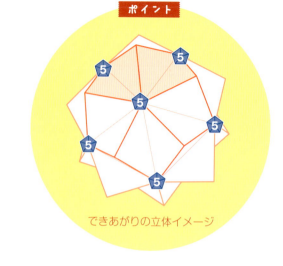

できあがりの立体イメージ

3 5のポイントを中心に
5つのユニットをひとまわりに組む

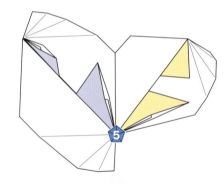

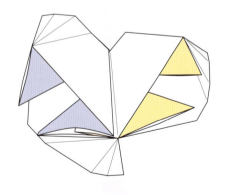

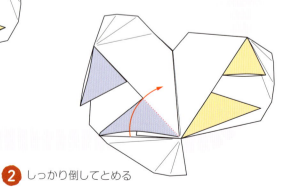

2 しっかり倒してとめる

花の開き方

作品を組み終えたら丸く開く

さらに2つのひらひらも丸く開く

「梅」物語

　くす玉作品を作る工程は、まるでひとつの物語です。そしてこの「梅」という作品には、さらに心が躍るドラマチックな展開が詰まっています。

　完成形とはかけ離れた、ひとつのパーツを折るわくわくの第一歩。できたパーツたちを何度も数えながら、いくつも折りを重ねる静寂な道のり。息をころしてパーツを組み立てる真剣勝負の刹那。繊細な花弁をひとつひとつ開いていく最高のクライマックス。どの工程も印象深く、自分でも気づかないうちに大きく感情が動きます。作品が完成する頃には、あたかもひとつの感動的な映画でも見たかのような気分になること、請け合いです。

9 HINA NO TAKI
ひなのたき

▶作品…14ページ　▶組み方…30、32ページ参照　▶用意するもの…折り紙12枚または30枚

「ひなのたき」は八重咲きの花桃の品種です。実際の花の色は桃色ですが、折り紙ではとらわれることなく、いろいろな花の色を楽しむことができます。

「梅（54ページ）」の⓭まで折ってからはじめる

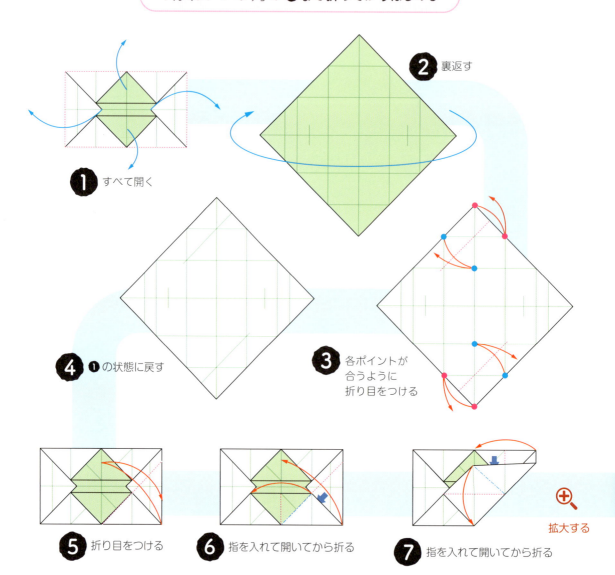

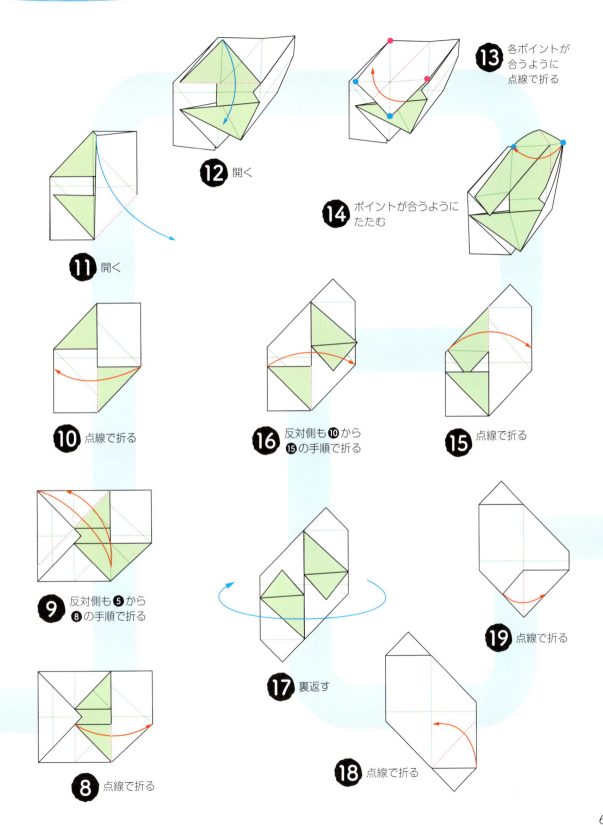

9 ひなのたき

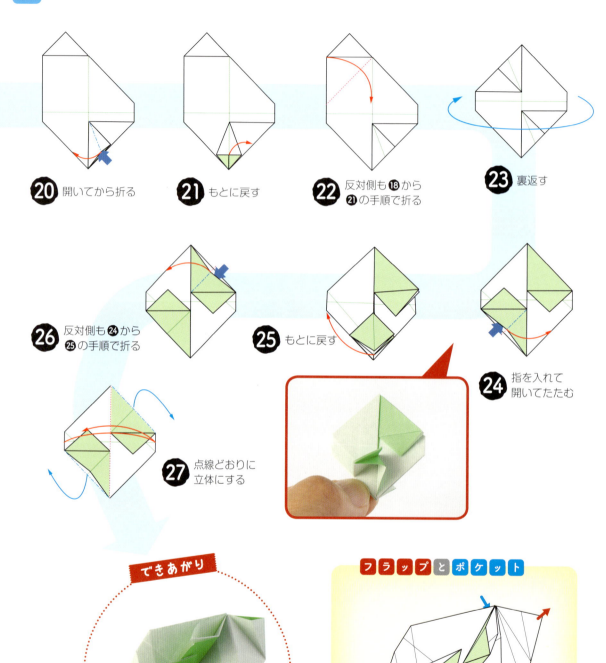

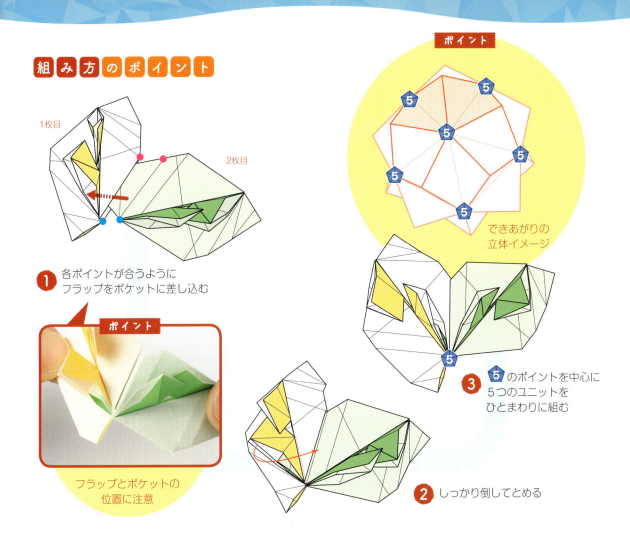

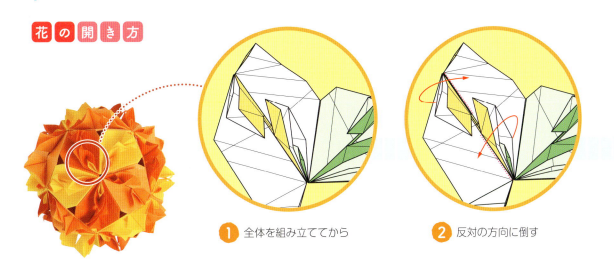

9 ひなのたき

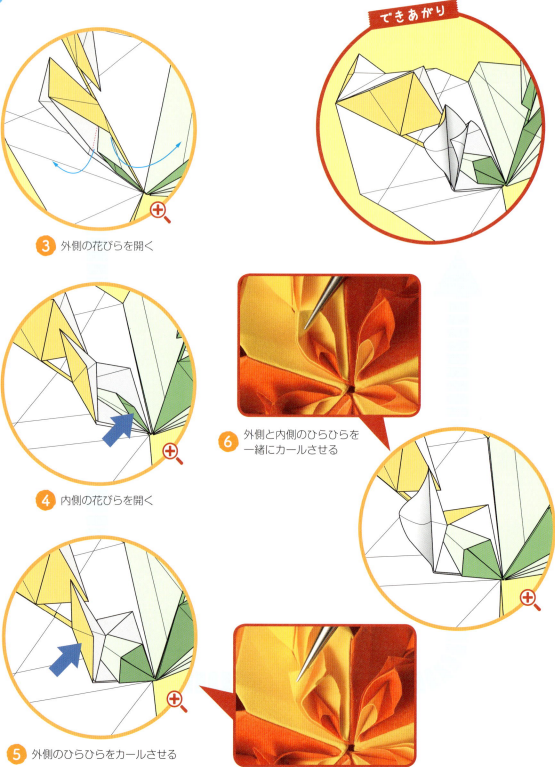

3 外側の花びらを開く

4 内側の花びらを開く

5 外側のひらひらをカールさせる

6 外側と内側のひらひらを一緒にカールさせる

できあがり

HINA NO TAKI ARRANGEMENT

ひなのたき アレンジ

▶作品… 14ページ　▶組み方… 30、32ページ参照　▶用意するもの… ひなのたきを組み上げたもの

カールを加えるという技法は、まるで魔法のようです。このアレンジ作品には、オリジナルにほんの少しだけカールの向きが違うという魔法がかかっています。

「ひなのたき（60ページ）」を組み立ててからはじめる

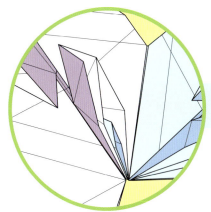

❶ 花の開き方 ❹ まで同じ

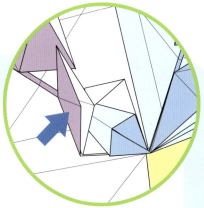

❷ 外側のひらひらを大きくカールさせる

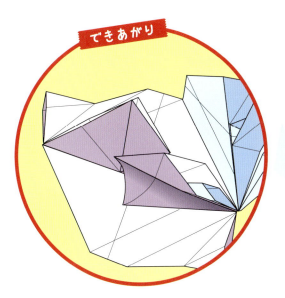

できあがり

65

11 PASSACAGLIA
パッサカリア

▶作品…15ページ　▶組み方…30、32ページ参照　▶用意するもの…折り紙12枚または30枚

単調すぎず、複雑すぎず、アレンジされた三角形の輪郭が整然と美しく並びます。Passacaglia は、バロック音楽の三拍子の舞曲です。

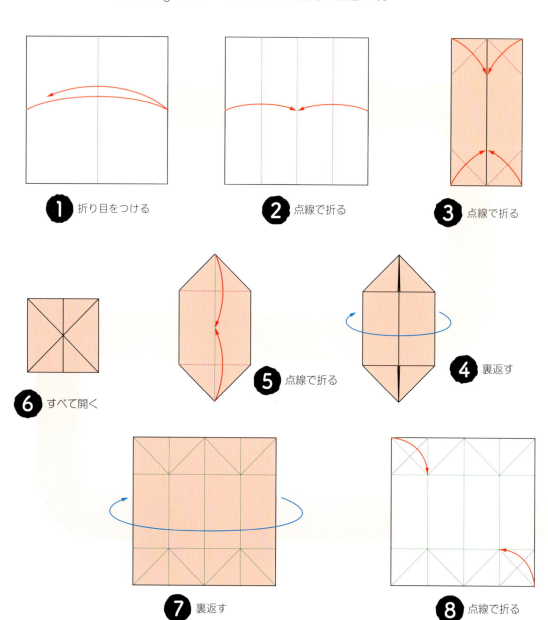

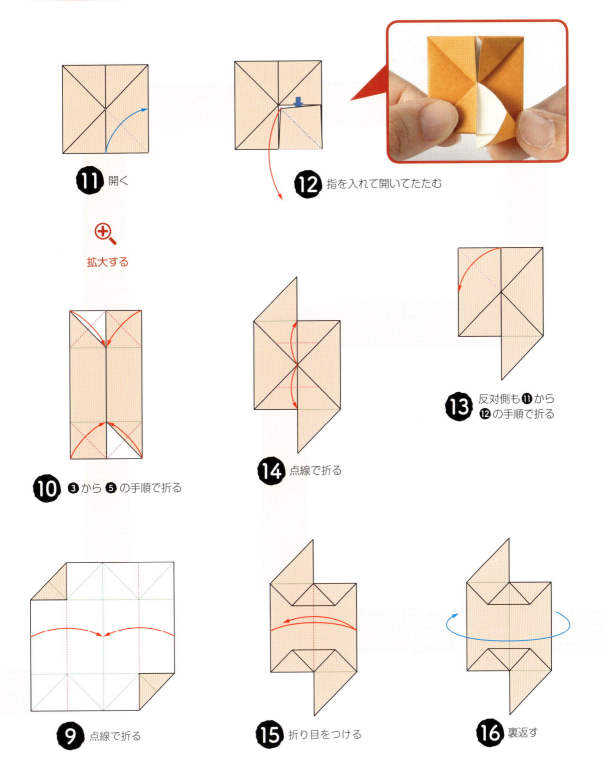

11 パッサカリア

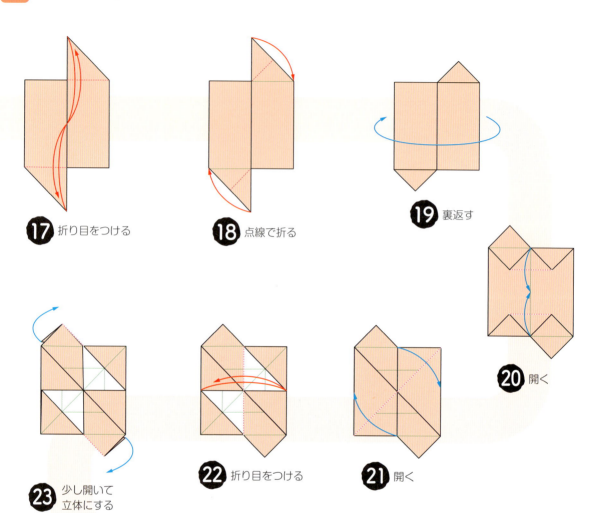

⑰ 折り目をつける

⑱ 点線で折る

⑲ 裏返す

⑳ 開く

㉓ 少し開いて立体にする

㉒ 折り目をつける

㉑ 開く

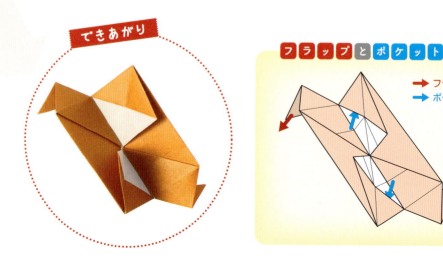

できあがり

フラップ と ポケット

➡ フラップ
➡ ポケット

組み方のポイント

① 各ポイントが合うように
フラップをポケットに
引っかける

1枚目

2枚目

ポイント

5 には5つのパーツが集まる

② 点線で折ってとめる

③ さらに点線で折ってロックする

④ 同じように **5** を中心に
5つのユニットを
ひとまわりに組む

3枚目

ユニットを
つないだところ

12 POLKA
ポルカ

▶作品…16ページ　▶組み方…30、32ページ参照　▶用意するもの…折り紙12枚または30枚

軽快でリズミカルなボヘミアの民族舞曲 polka。この作品も最後にカールを加えると、まるでダンスを踊っているような楽しい作品に仕上がります。

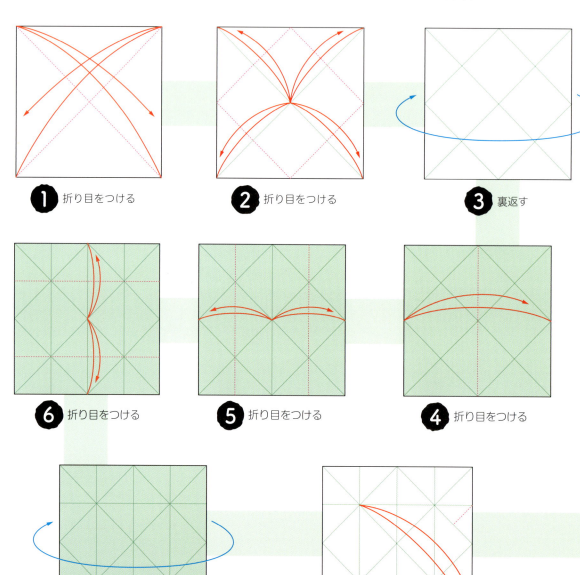

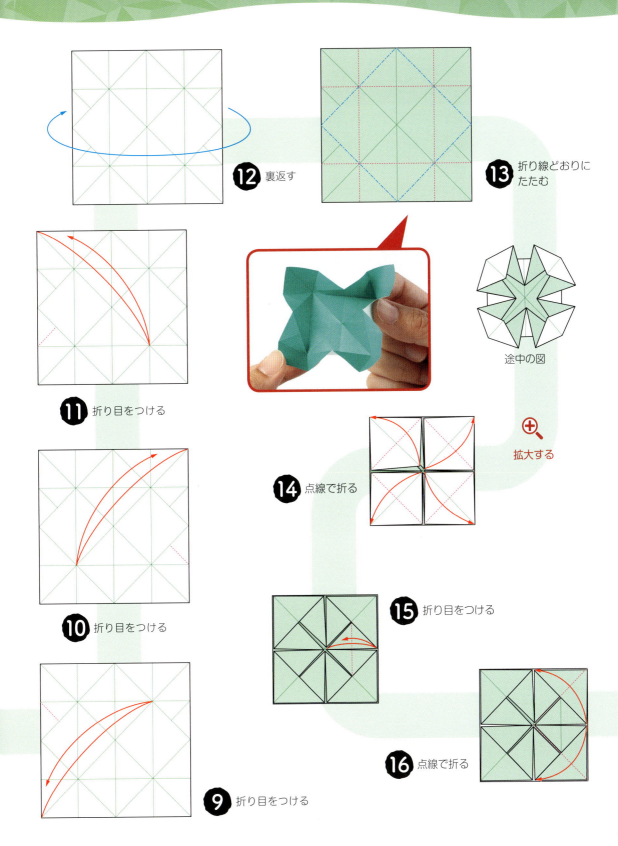

12 ポルカ

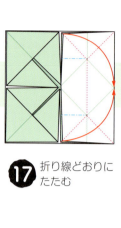

⓱ 折り線どおりに
たたむ

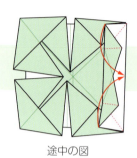

途中の図

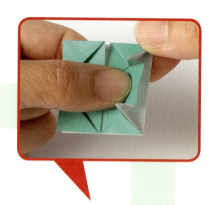

⓲ 反対側も⓯から
⓱の手順で折る

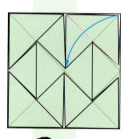

⓳ 開く

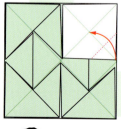

⓴ 点線で折る

デコレーションパーツで華やかさアップ！

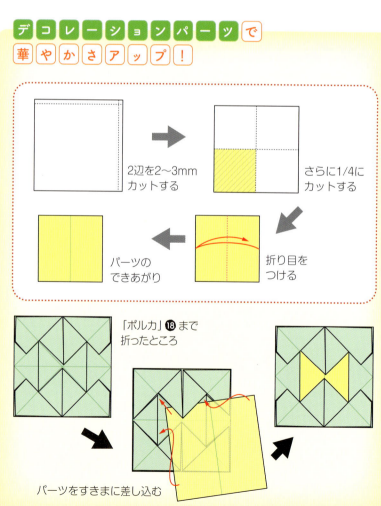

2辺を2〜3mm
カットする

さらに1/4に
カットする

折り目を
つける

パーツの
できあがり

「ポルカ」⓲まで
折ったところ

パーツをすきまに差し込む

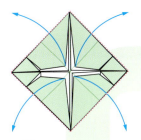
❷❻ 上の1枚を開く

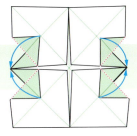
❷❼ 開く

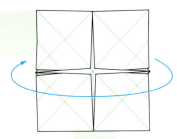
❷❽ 裏返す

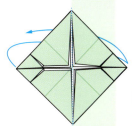
❷❺ 山折りにして折り目をつける

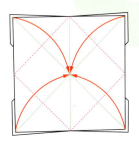
❷❹ 2枚とも点線で折る

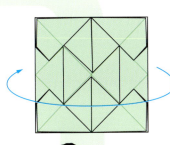
❷❸ 裏返す

できあがり

フラップ と ポケット

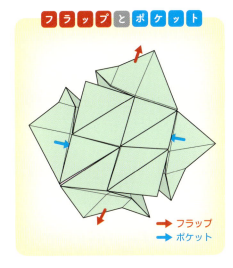
➡ フラップ
➡ ポケット

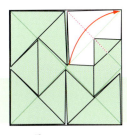
❷❶ 点線で折る

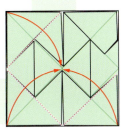
❷❷ のこり3箇所も❶❾から❷❶の手順で折る

組み方のポイント

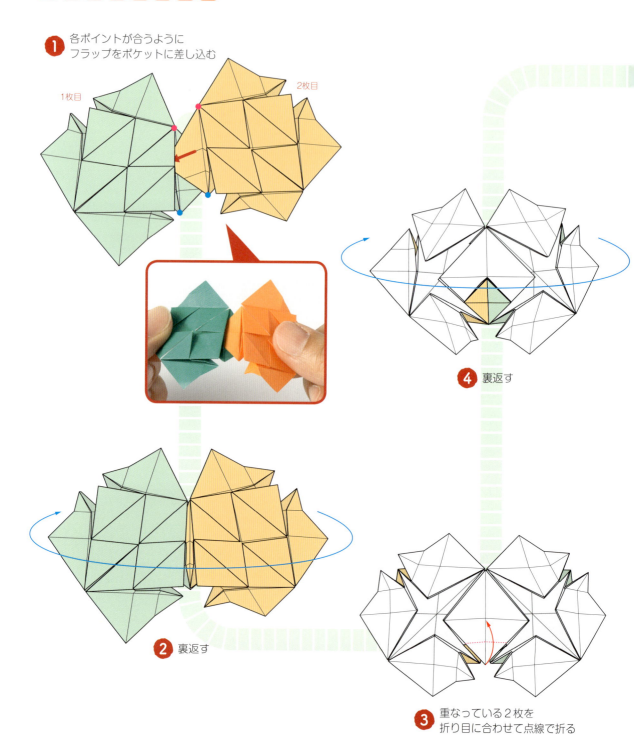

1 各ポイントが合うように
フラップをポケットに差し込む

1枚目　2枚目

2 裏返す

3 重なっている2枚を
折り目に合わせて点線で折る

4 裏返す

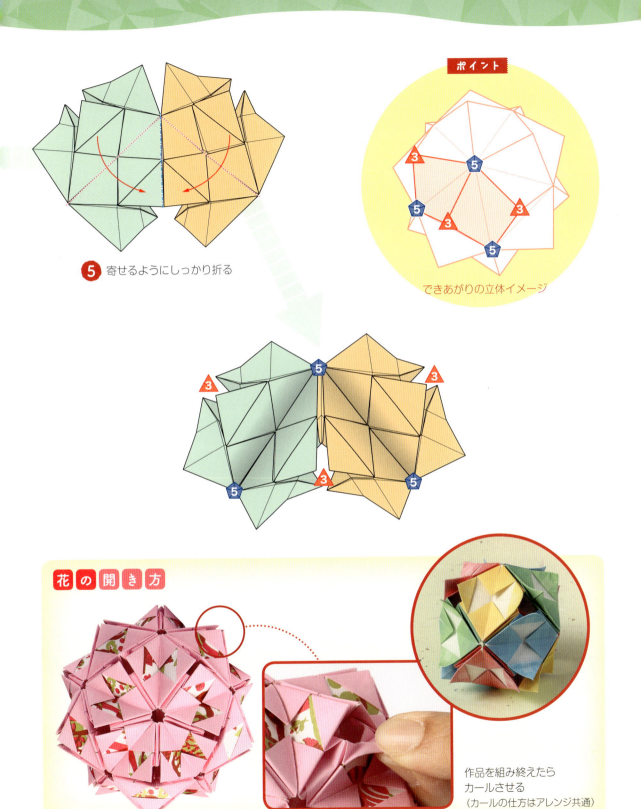

13 POLKA ARRANGEMENT

ポルカ アレンジ

▶作品…17ページ ▶組み方…30、32ページ参照 ▶用意するもの…折り紙12枚または30枚

アレンジ (arrangement) とは、もともと音楽用語で「編曲」を意味します。くす玉の編曲はいつだってダイナミックで、いつだって心躍ります。

「ポルカ（70ページ）」の❽まで折ってからはじめる

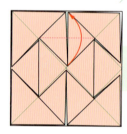

❶ 点線で折る

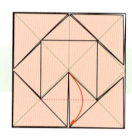

❷ 点線で折る

❸ 以降は「ポルカ」の❾からと同じ

できあがり

▶組み方のポイントは74ページ

76

14 MAZUREK
マズルカ

▶作品…18ページ　　▶組み方…30、32ページ参照　　▶用意するもの…折り紙12枚または30枚

ポルカのパーツをリバースさせて組み上げると、あら不思議。マズルカに仕上がります。それは同じようでまるで違う「ポルカ・マズルカ」の関係のようです。

「ポルカ（70ページ）」を表裏逆にして ⑱ まで折ってからはじめる

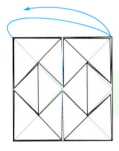

❶ 向こう側に折って折り目をつける

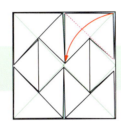

❷ 以降は「ポルカ」の ⑲ から ㉗ と同じ

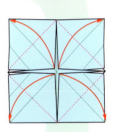

❸ 点線で折る

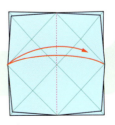

❹ 折り目をつける

できあがり

▶組み方のポイントは74ページ

15 BALLOON FLOWER

ききょうA モジュラータイプ

▶作品…19ページ　▶組み方…81ページ参照　▶用意するもの…折り紙12枚

見慣れない形に手っ取り早く慣れる方法は、その形に愛着を持つことです。最初はうまくいかなかったとしても、あなたがこの形を好きになる頃、きっと美しい桔梗が花咲くでしょう。

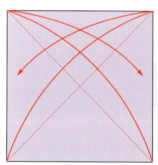

❶ 折り目をつける

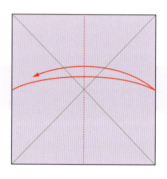

❷ 折り目をつける

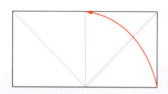

❹ 点線で折る

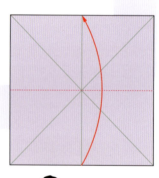

❸ 点線で折る

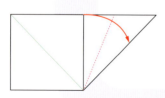

❺ 点線で折る

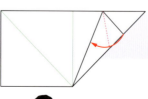

❻ 点線で折る

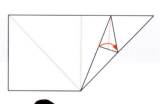

❼ 点線で折る

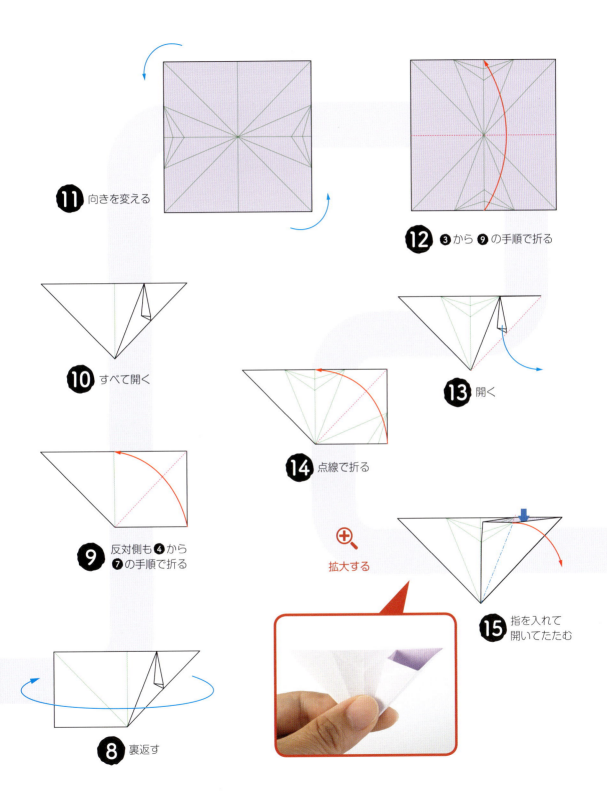

15 ききょうA

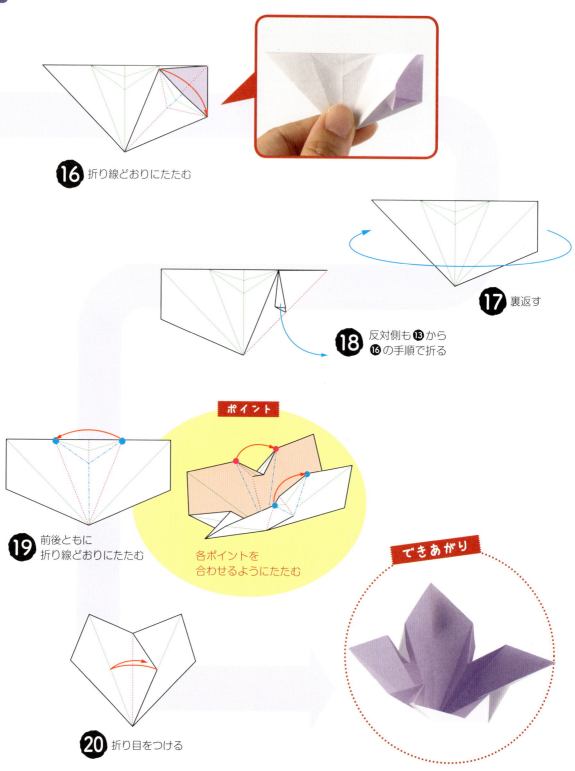

⑯ 折り線どおりにたたむ

⑰ 裏返す

⑱ 反対側も⑬から⑯の手順で折る

ポイント

⑲ 前後ともに折り線どおりにたたむ

各ポイントを合わせるようにたたむ

⑳ 折り目をつける

できあがり

組み方のポイント

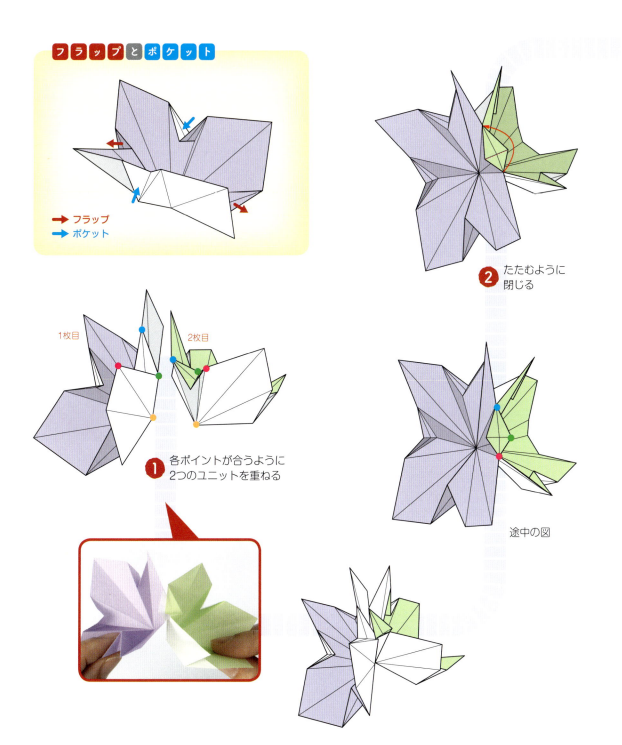

81

15 ききょうA

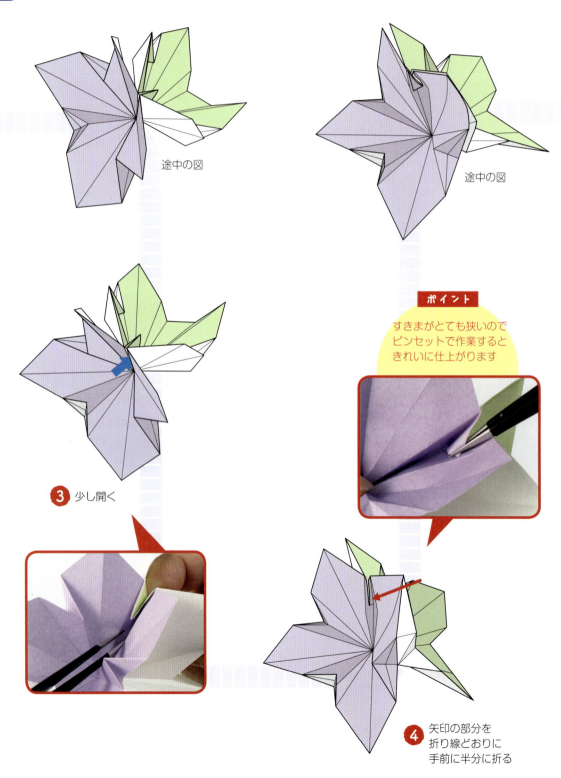

途中の図

途中の図

❸ 少し開く

ポイント
すきまがとても狭いので
ピンセットで作業すると
きれいに仕上がります

❹ 矢印の部分を
折り線どおりに
手前に半分に折る

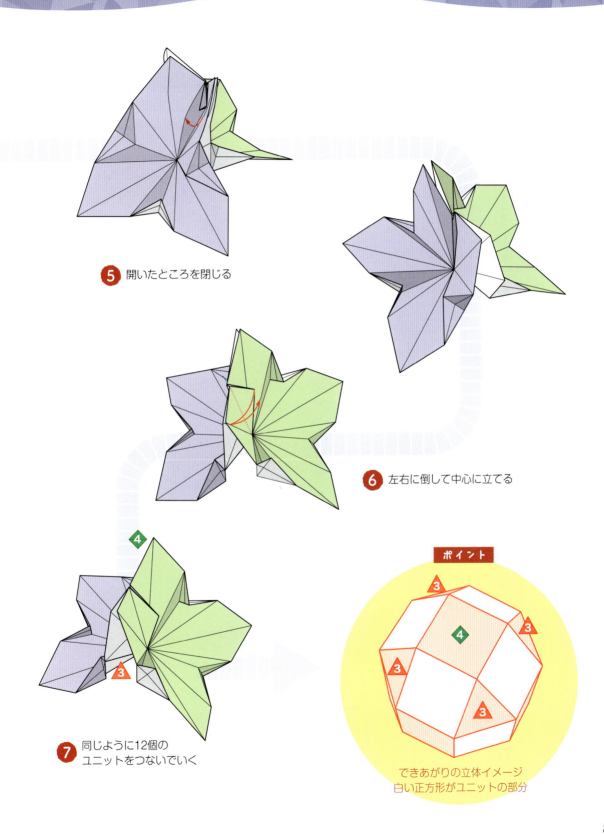

5 開いたところを閉じる

6 左右に倒して中心に立てる

7 同じように12個の
ユニットをつないでいく

ポイント

できあがりの立体イメージ
白い正方形がユニットの部分

16 BALLOON FLOWER PASTED TYPE

ききょうB ボンドタイプ

▶作品…19ページ ▶組み方…86ページ参照 ▶用意するもの…折り紙12枚、接着剤

組み立てやすさ、安定性、長期保存。接着剤はいつでもくす玉折り紙の力強い味方です。ビギナーの方やききょうA（モジュラータイプ）が苦手な方にも、気軽に取り組んでいただけます。

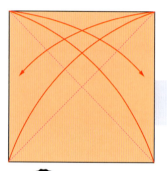

❶ 折り目をつける

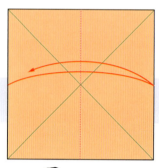

❷ 折り目をつける

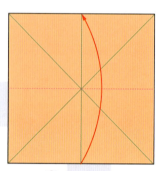

❸ 点線で折る

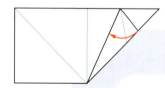

❻ 点線で折る

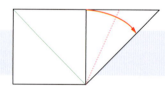

❺ 点線で折る

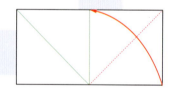

❹ 点線で折る

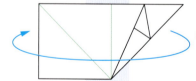

❼ 裏返す

❽ 反対側も❹から❻の手順で折る

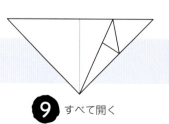

❾ すべて開く

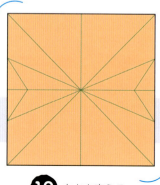

❿ 向きを変える

84

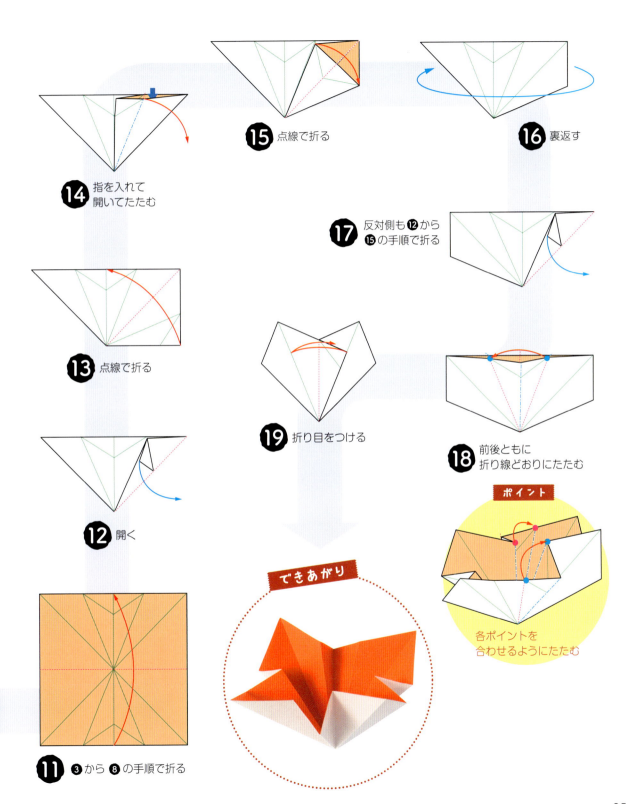

85

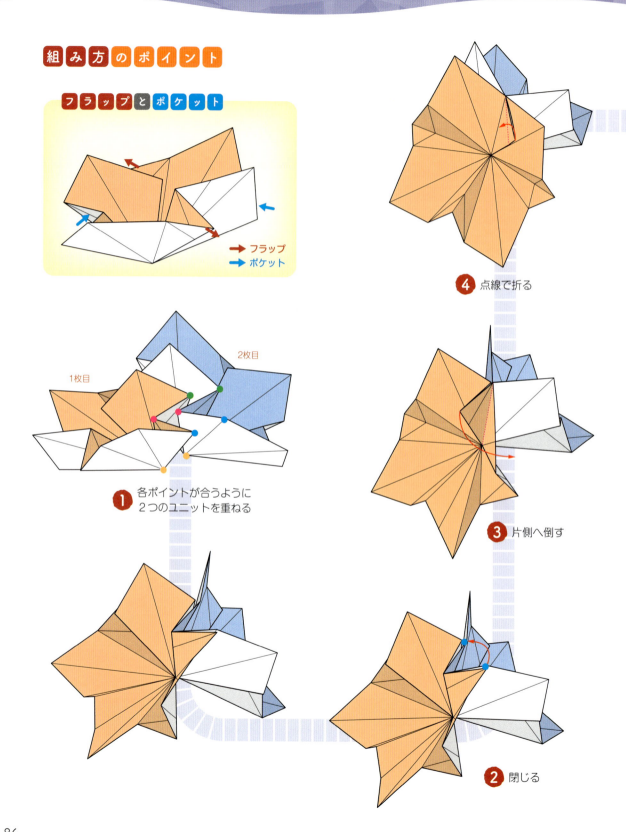

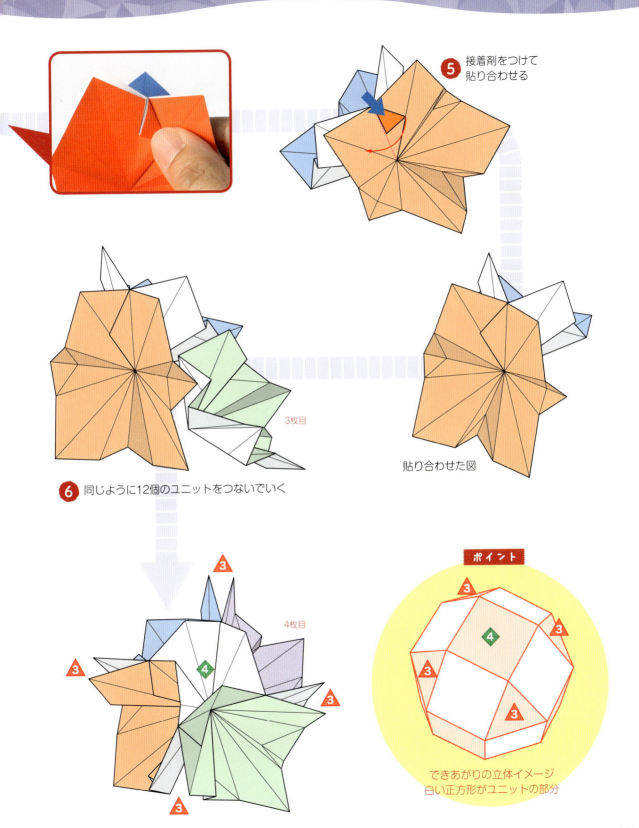

17 ROSY ROSE
ロージーローズ in ききょう

▶作品…20、21ページ　　▶組み方…91ページ参照
▶用意するもの… ききょうB、ききょうBの各辺2倍の大きさの折り紙12枚、接着剤

美しい作品を仕上げるのに、固定観念は必要ありません。花の色も葉の色もあなたの感性次第。あなた色の花束を楽しんで。

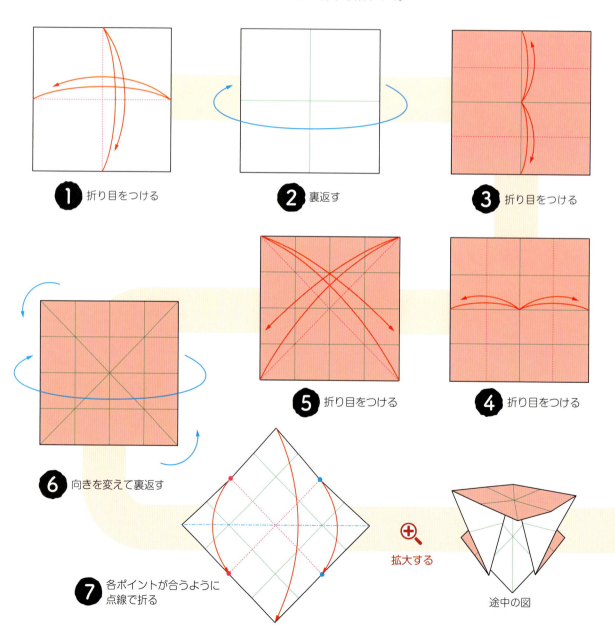

① 折り目をつける
② 裏返す
③ 折り目をつける
④ 折り目をつける
⑤ 折り目をつける
⑥ 向きを変えて裏返す
⑦ 各ポイントが合うように点線で折る

拡大する

途中の図

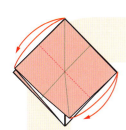

❿ ❽から❾の手順を
計4回繰り返す

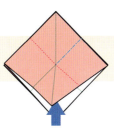

⓫ 開く

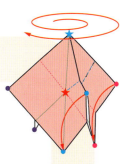

⓬ ★を中心に各ポイントが合うように、
つけた折り線にまかせるようにして
★をつまんでねじり
底の部分を平らに開いていく

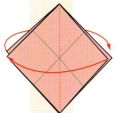

❾ 前後ともに
点線で1枚ずつ折る

ポイント

しっかり
折り線がついたか
確認する

ポイント

ねじるようにすると
だんだん自然に
底の部分が開いていきます

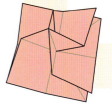

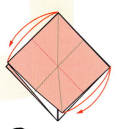

❽ 折り目をつける

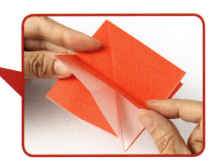

底が平らになったところ

17 ロージーローズ

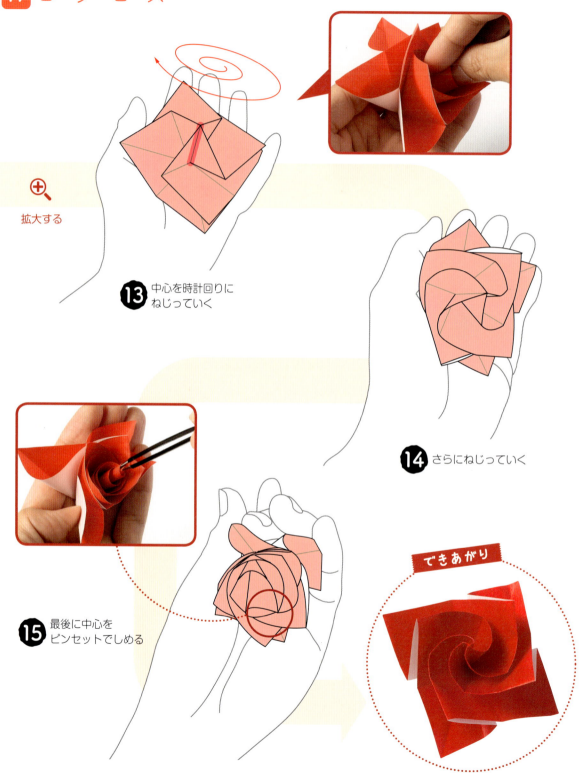

拡大する

⓭ 中心を時計回りにねじっていく

⓮ さらにねじっていく

⓯ 最後に中心をピンセットでしめる

できあがり

組み合わせ方

「ききょうB（84ページ）」を表裏逆に折って組み立てる

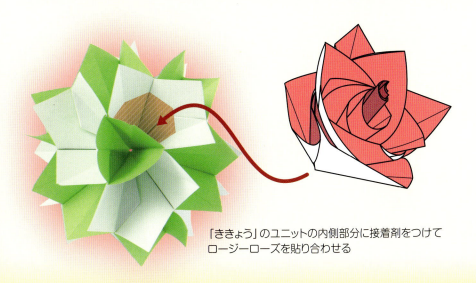

「ききょう」のユニットの内側部分に接着剤をつけて
ロージーローズを貼り合わせる

「ロージーローズ」in シックスセンス

　くす玉の創作で新しい作品が生まれる時、私はいつも「この形は初めからあった」と直感します。「自分で作品を創作した」のではなく「初めからあった形を発見した」という感触です。それは「数学」や「科学」にとても似ています。数学や科学の世界も、発見される事象や法則は初めからこの世に存在しています。「ロージーローズ」は2007年、「ききょう」はその3年後に創作されました。ふたつの作品は何のつながりもなく全く別々に生まれたのですが、組み合わせてみて「びっくり」というよりは「納得」。合わないはずがありません。初めからその形があったのですから。

18 NIOIZAKURA

匂桜

▶ 作品…22ページ　▶ 組み方…96ページ参照
▶ 用意するもの…折り紙30枚（1/2に切る）、接着剤

鈴を入れてみたり、におい袋を詰めてみたり。くす玉の空洞はあなたの好奇心で埋めてください。この作品のモチーフの匂桜は、芳香性のある桜のことです。

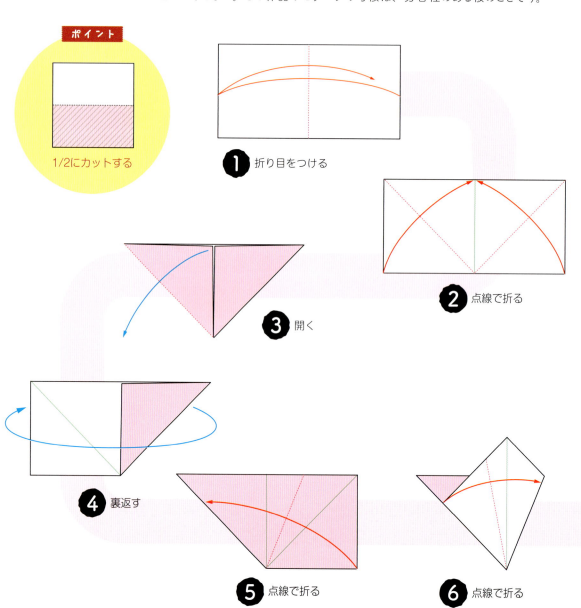

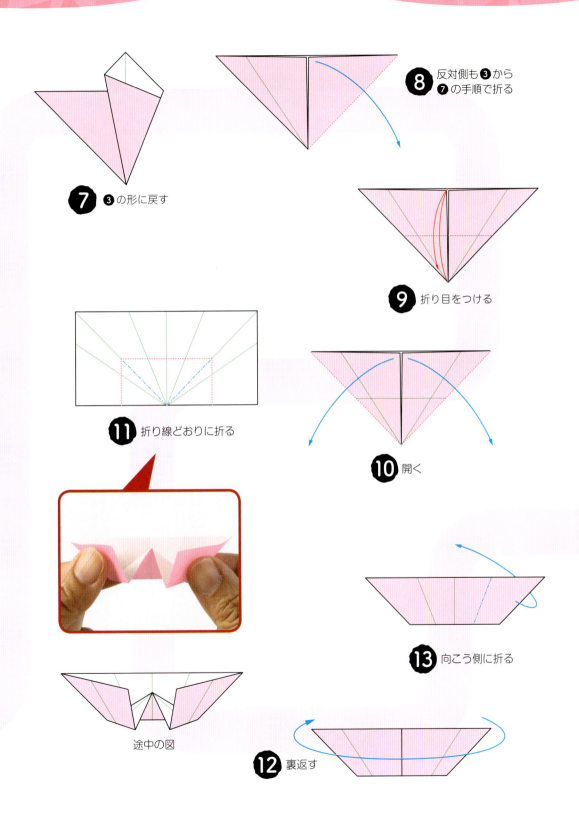

18 匂桜

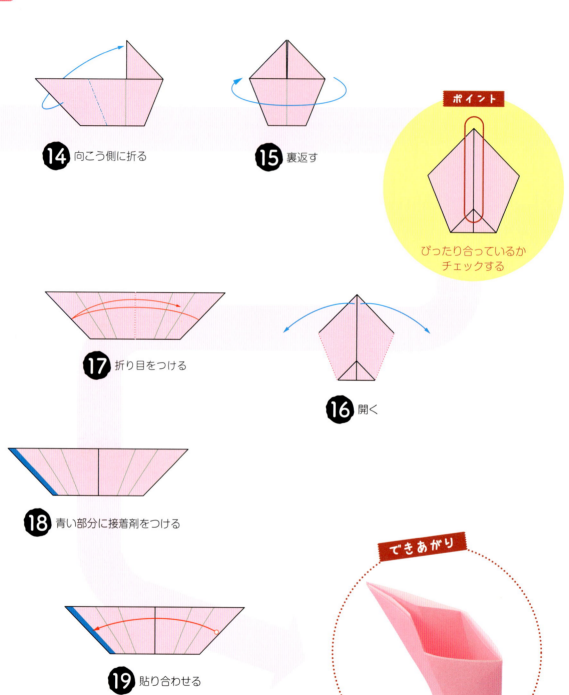

19 NIOIZAKURA ARRANGEMENT

匂桜 アレンジ

▶ 作品… 22ページ　▶ 組み方… 96ページ参照
▶ 用意するもの… 折り紙を1/2に切ったもの60枚、接着剤

折り目をきつくするとしゃきっとスマートな桜に。折り目をゆるくするとふんわりした柔らかい桜に。接着剤を使うので、さまざまな折りの表現を自由に楽しめます。

「匂桜（92ページ）」の❿まで折ってからはじめる

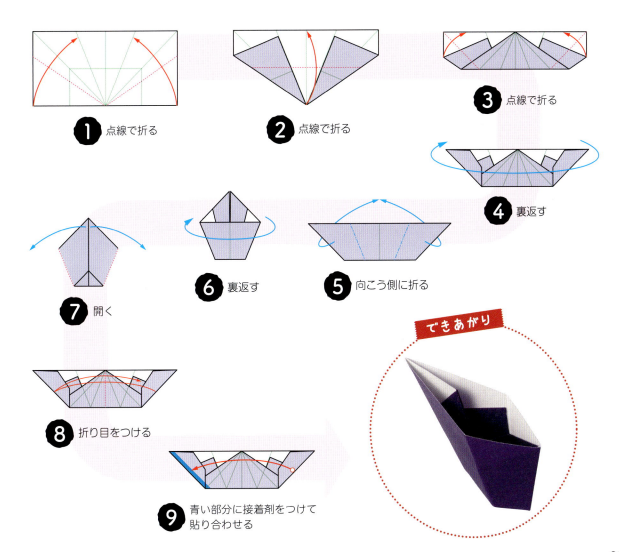

組み方のポイント

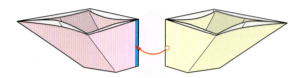

❶ 青い部分に接着剤をつけて
ユニットを貼り合わせる

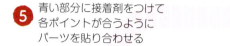
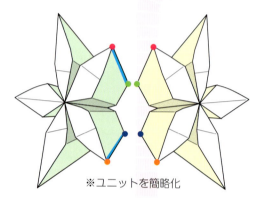

❺ 青い部分に接着剤をつけて
各ポイントが合うように
パーツを貼り合わせる

※ユニットを簡略化

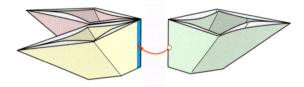

❷ 同じように5つの
ユニットを貼り合わせる

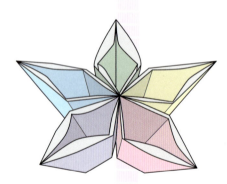

❹ パーツのできあがり。
同じものを12個用意する

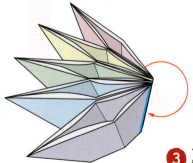

❸ くるりと輪にして
貼り合わせる

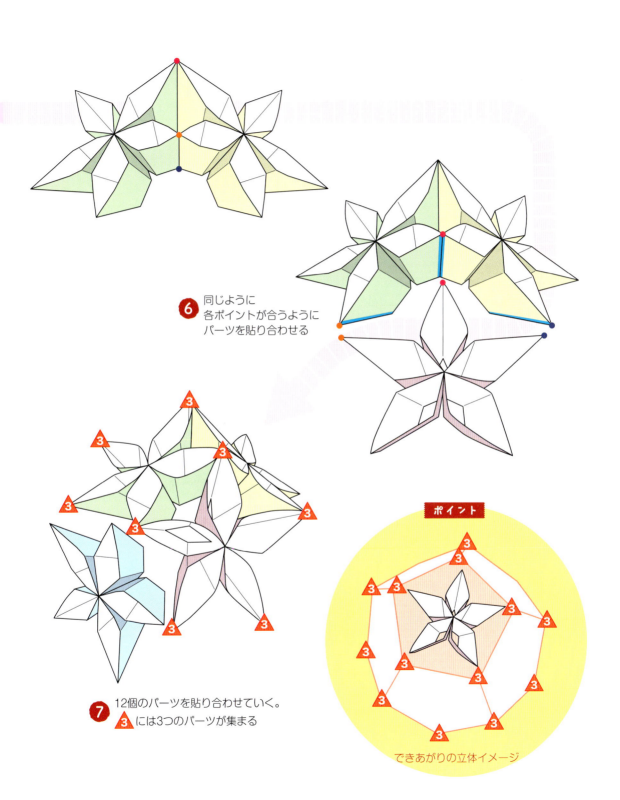

⑥ 同じように
各ポイントが合うように
パーツを貼り合わせる

⑦ 12個のパーツを貼り合わせていく。
3には3つのパーツが集まる

ポイント

できあがりの立体イメージ

20 TWINER

トゥワイナー

▶作品…23ページ　　▶組み方…101ページ参照　　▶用意するもの…折り紙12枚または30枚

Twiner は「twine / 縒る」という英語から。何かに巻き付く植物の蔓のごとく、フラップ同士を絡ませながら、全体を組み上げます。

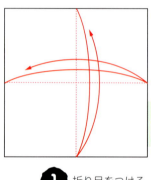

1 折り目をつける

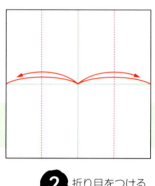

2 折り目をつける

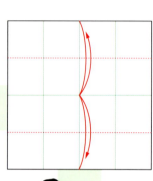

3 折り目をつける

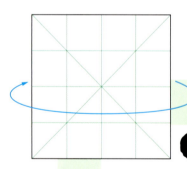

5 裏返す

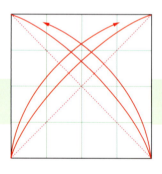

4 折り目をつける

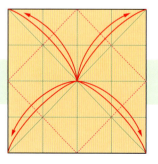

6 折り目をつける

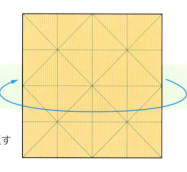

7 裏返す

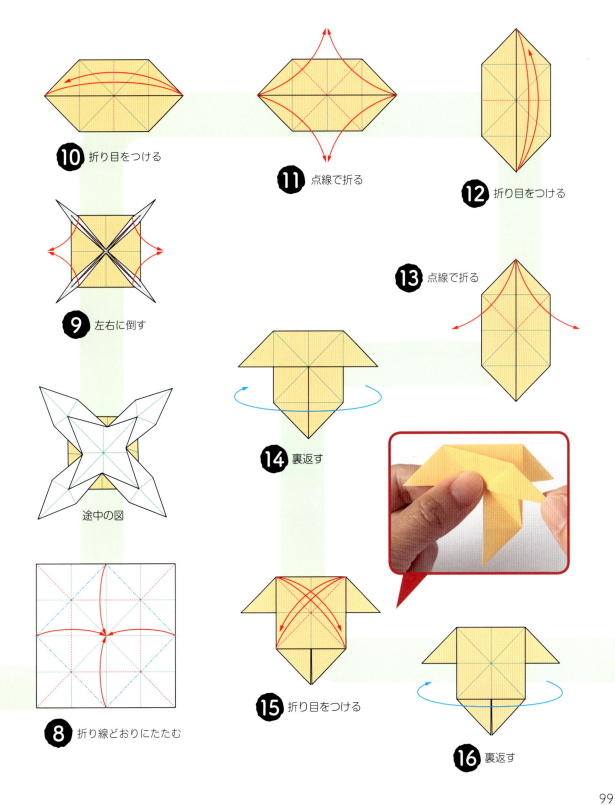

20 トゥワイナー

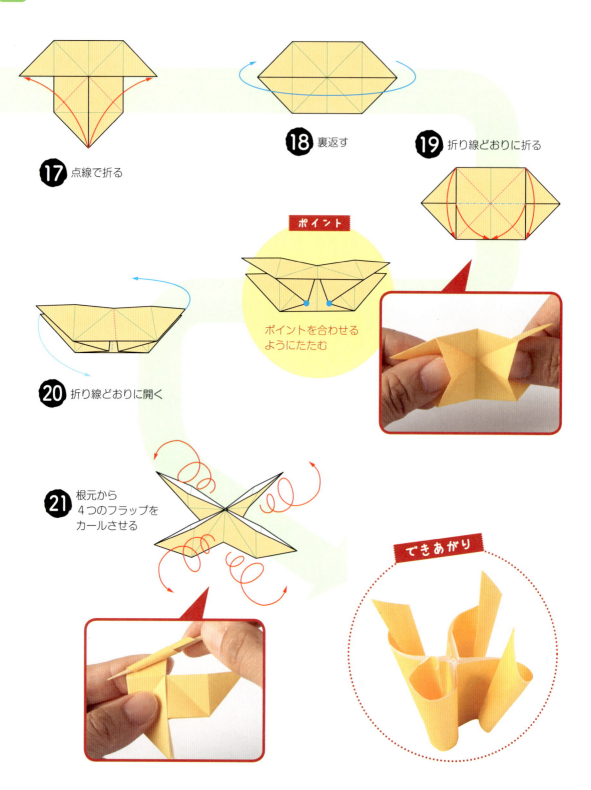

17 点線で折る

18 裏返す

19 折り線どおりに折る

ポイント
ポイントを合わせるようにたたむ

20 折り線どおりに開く

21 根元から4つのフラップをカールさせる

できあがり

フラップ と ポケット

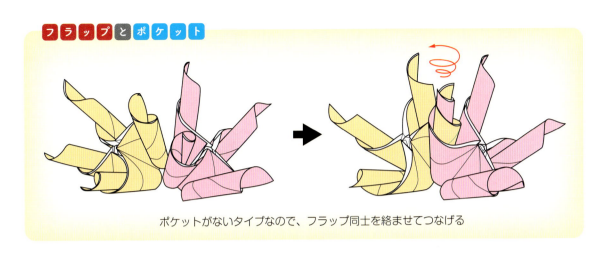

ポケットがないタイプなので、フラップ同士を絡ませてつなげる

組み方のポイント

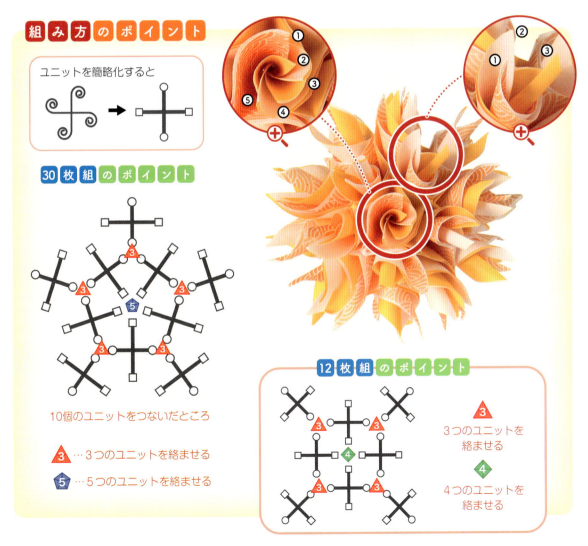

ユニットを簡略化すると

30枚組のポイント

10個のユニットをつないだところ

▲ …3つのユニットを絡ませる
⬟ …5つのユニットを絡ませる

12枚組のポイント

▲ 3
3つのユニットを絡ませる

◆ 4
4つのユニットを絡ませる

21 KALEIDOSCOPE
カレイドスコープ

▶ 作品…24ページ　▶ 組み方…30、32ページ参照
▶ 用意するもの…折り紙2種類 各6枚または15枚（1/2に切る）

モジュラー折り紙のひと折りは、カレイドスコープ（万華鏡）のビーズのひと動きのようです。ほんの少しの違いが、それとは全く異なった新しい作品の扉を開きます。

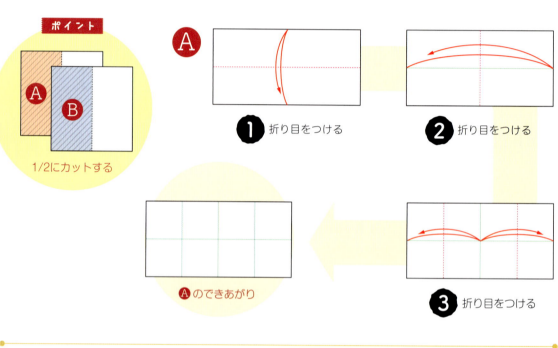

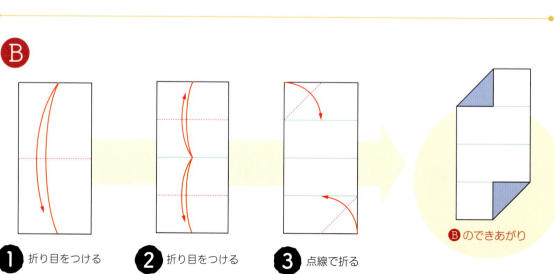

パーツの組み合わせ方

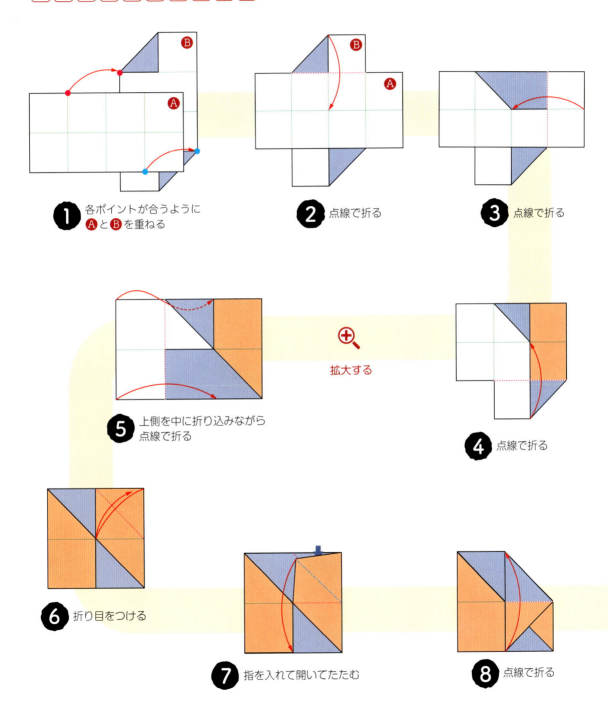

21 カレイドスコープ

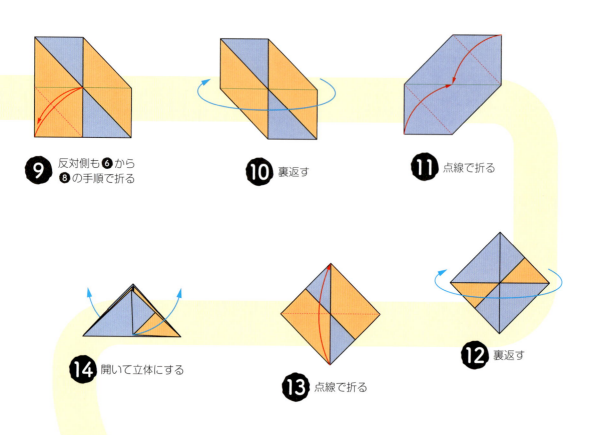

❾ 反対側も❻から❽の手順で折る

❿ 裏返す

⓫ 点線で折る

⓬ 裏返す

⓭ 点線で折る

⓮ 開いて立体にする

できあがり

▶ 組み方のポイントは108ページ

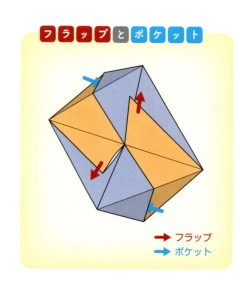

フラップとポケット

→ フラップ
→ ポケット

22 QUARTER-F
クォーター・F

▶ 作品… 24ページ　▶ 組み方… 30、32ページ参照
▶ 用意するもの… カレイドスコープのパーツⒶのできあがり、パーツⒷの折り紙（各12枚または30枚）

三角山の部分を 1/4 折り返して、模様を作ります。"F" は "Front" の意味です。小さな変化で全体の印象が変わるその不思議さを、からだ全体で感じてください。

「カレイドスコープ（102ページ）」Ⓑのアレンジ

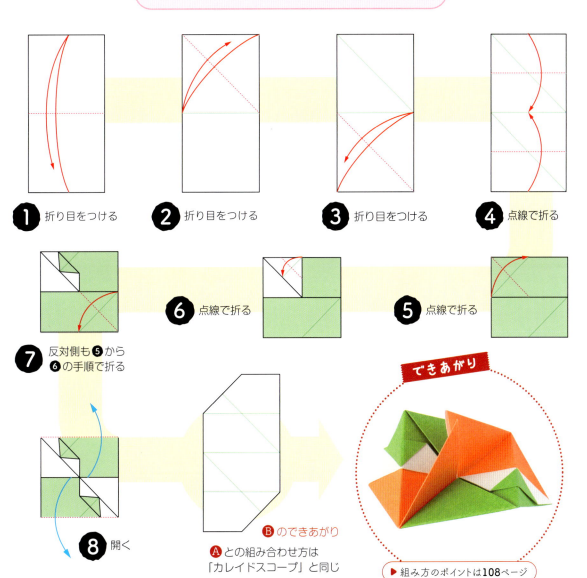

❶ 折り目をつける
❷ 折り目をつける
❸ 折り目をつける
❹ 点線で折る
❺ 点線で折る
❻ 点線で折る
❼ 反対側も❺から❻の手順で折る
❽ 開く

Ⓑのできあがり
Ⓐとの組み合わせ方は「カレイドスコープ」と同じ

できあがり
▶ 組み方のポイントは108ページ

23　FUJI

富士

▶作品…25ページ　　▶組み方…30、32ページ参照
▶用意するもの…カレイドスコープのパーツ🅐のできあがり、パーツ🅑の折り紙（各12枚または30枚）

簡単な折りの繰り返しが、あの美しい富士の形を生み出します。数学的な美しさは、アシンメトリーの中にも潜んでいるようです。

「カレイドスコープ（102ページ）」🅑のアレンジ。「クォーター・F（105ページ）」の❼まで折ってからはじめる

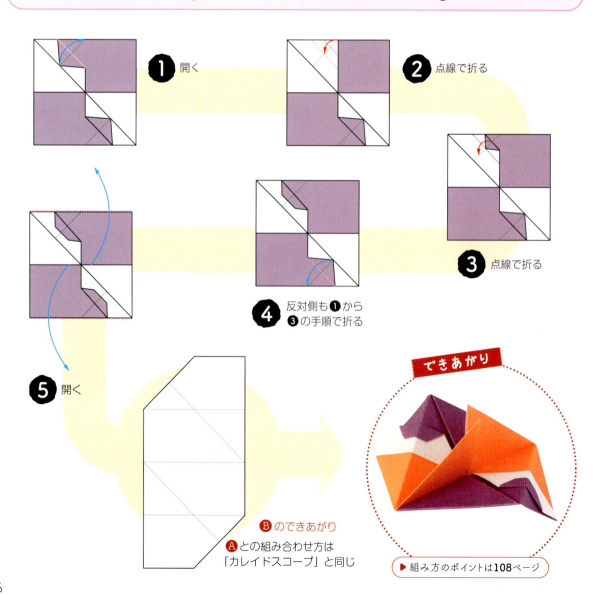

▶組み方のポイントは108ページ

24 HEXAGRAM
六芒星

▶作品…25ページ　▶組み方…30、32ページ参照
▶用意するもの…カレイドスコープのパーツ Ⓐ のできあがり、パーツ Ⓑ の折り紙（各12枚または30枚）

作品を真上から眺めると、見えてくるものの形にため息が漏れることでしょう。くす玉の世界は、規則性という神秘に満ちています。

「カレイドスコープ（102ページ）」Ⓑ のアレンジ。「クォーター・F（105ページ）」の ❼ まで折ってからはじめる

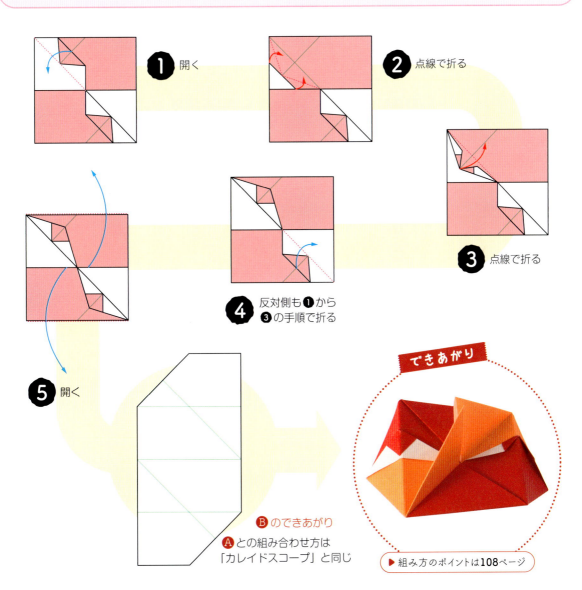

107

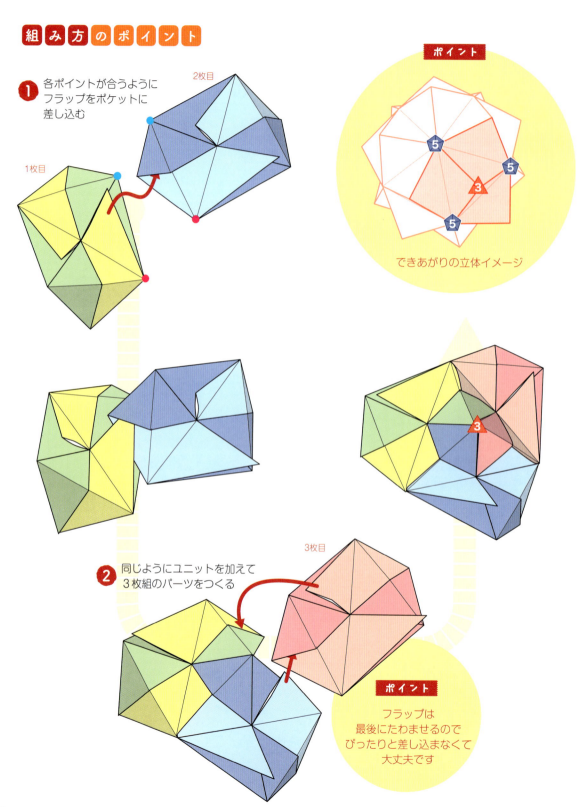

フラップの整え方

作品を組み終えたらフラップを
少しずつ引き出してらせん状にたわませる

余白から生まれる「カレイドスコープ」

　学生時代、絵を書くのが大好きだった私の教科書やノートの余白は、とにかく「ワンダーランド」でした。ひらたく言えば「落書きだらけ」です。

　実はウン十年たった今でも、それは全く変わらなかったりします。紙の余白は私にとって相も変わらず「ワンダーランド」です。大抵くす玉折り紙のパーツには、組み立ての構造に関係のない「余白」が存在します。この部分に山折り線や谷折り線を加えると、さまざまな模様が生まれます。そのアレンジの数はまさに那由多（※きわめて多数の意）。カレイドスコープの余白でさんざん遊んだ結果は、そのバリエーションに反映されています。

109

25 OVERHAND KNOT

ひと結び

▶作品… 26ページ　▶組み方… 30、32ページ参照　▶用意するもの… 折り紙12枚または30枚

パーツがつながるジョイント部を「結び目」に見立てています。紐の「ひと結び」と同じように、この作品も単純なジョイントながら、しっかりとした仕上がりです。

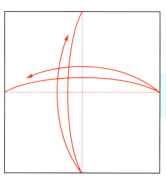

❶ 折り目をつける

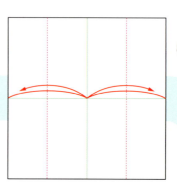

❷ 折り目をつける

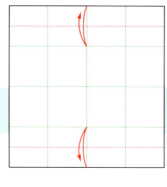

❹ 折り目をつける

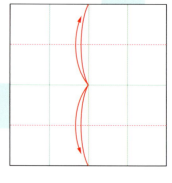

❸ 折り目をつける

❺ 点線で折る

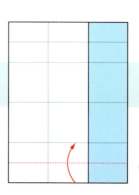

❻ 点線で折る

110

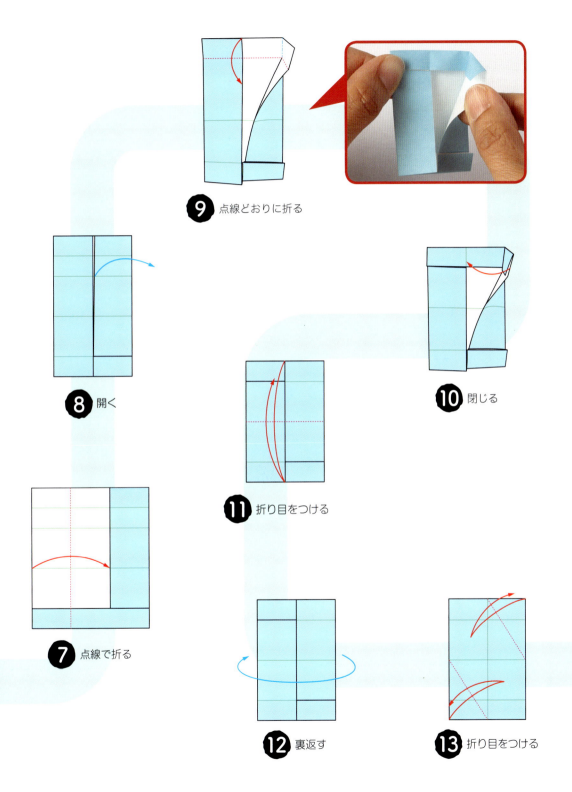

❾ 点線どおりに折る

❿ 閉じる

⓫ 折り目をつける

⓬ 裏返す

⓭ 折り目をつける

❽ 開く

❼ 点線で折る

111

25 ひと結び

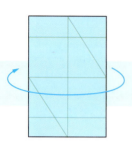

⓮ 裏返す

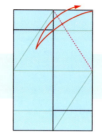

⓯ 折り目をつける

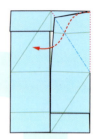

⓰ 中に押し込むように折る

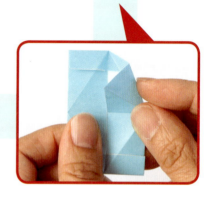

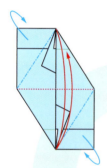

⓲ 左右山折り、中央谷折りの折り目をつける

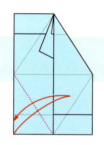

⓱ 反対側も⓯から⓰の手順で折る

できあがり

▶ 組み方のポイントは118ページ

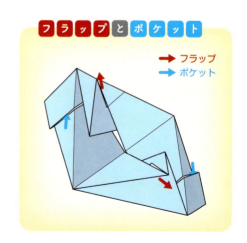

フラップとポケット

➡ フラップ
➡ ポケット

RIBBON

飾りリボン

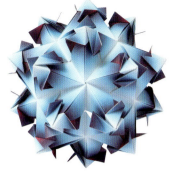

▶作品…26ページ　▶組み方…30、32ページ参照　▶用意するもの…折り紙12または30枚

リボンを付けたようなひらひらの飾りの部分は、全体を組んだ後でもう一度しっかりと折り曲げます。全体が息を吹き返したように、綺麗に仕上がります。

「ひと結び（110ページ）」の⓱まで折ってからはじめる

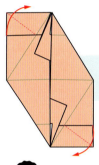

❶ 点線で折る

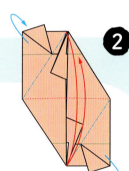

❷ 左右山折り、中央谷折りの折り目をつける

できあがり

▶組み方のポイントは118ページ

ポイント

全体を組み上げてから
もう一度しっかりと折り曲げる

113

27 WATER KNOT

ふじ結び

▶作品…27ページ　▶組み方…30、32ページ参照　▶用意するもの…折り紙12枚または30枚

間に挟む紙のパーツで、柄のデザインや色の変化を楽しめます。オリジナルで加えた螺旋状のデザインは、お好みで。

「ひと結び（110ページ）」の❹まで折ってからはじめる

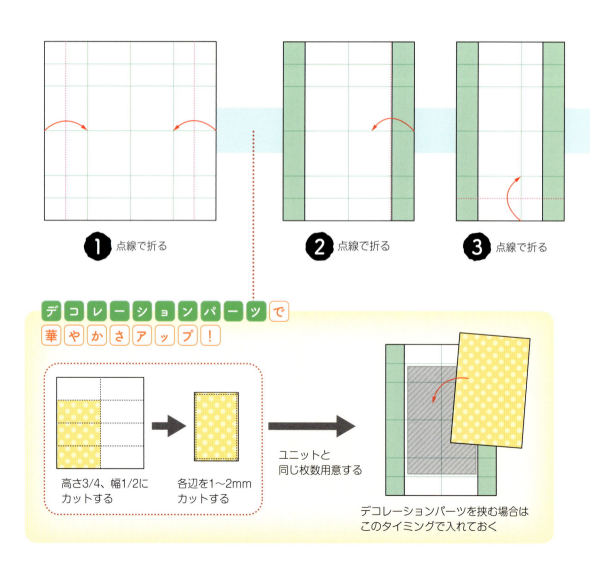

❶ 点線で折る

❷ 点線で折る

❸ 点線で折る

デコレーションパーツで華やかさアップ！

高さ3/4、幅1/2にカットする

各辺を1〜2mmカットする

ユニットと同じ枚数用意する

デコレーションパーツを挟む場合はこのタイミングで入れておく

114

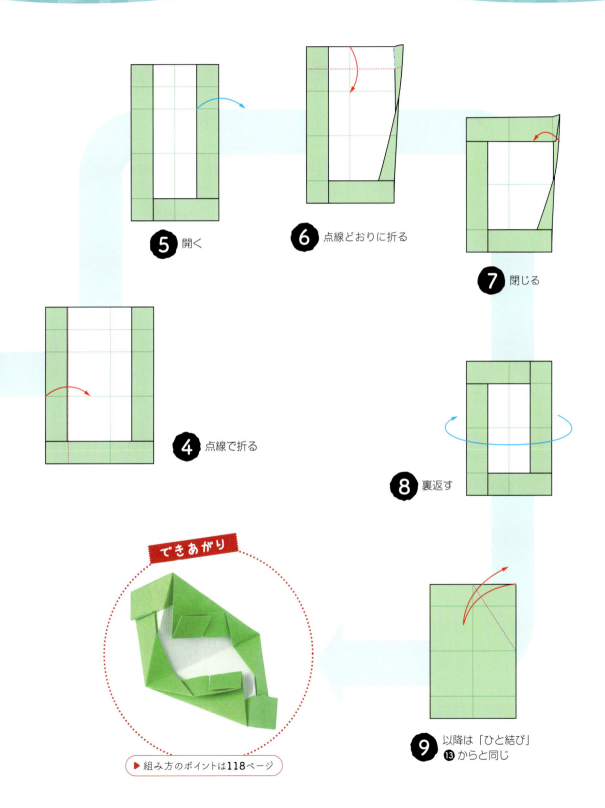

BEER KNOT

ビアノット

▶作品…27ページ　▶組み方…119ページ参照　▶用意するもの…折り紙30枚

どんな作品のパーツにも、いくつかの多面体になる可能性が潜んでいます。ビアノットはオリジナルのパーツの向きを変えて、正十二面体に組んだ作品です。

「ひと結び（110ページ）」の⓱まで折ってからはじめる

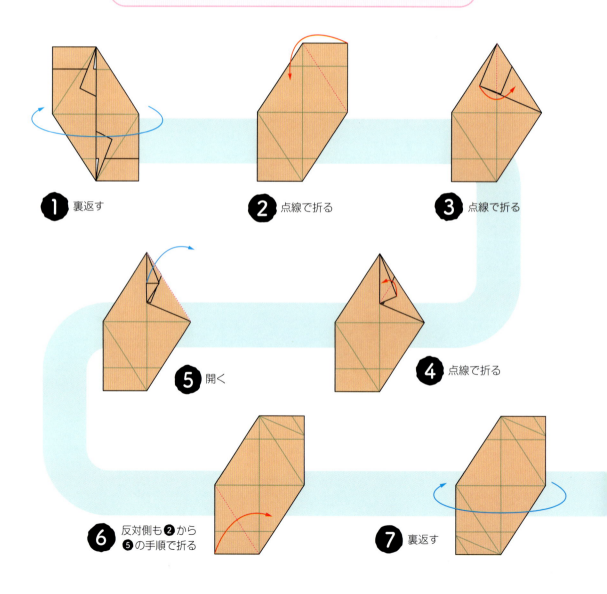

❶ 裏返す
❷ 点線で折る
❸ 点線で折る
❹ 点線で折る
❺ 開く
❻ 反対側も❷から❺の手順で折る
❼ 裏返す

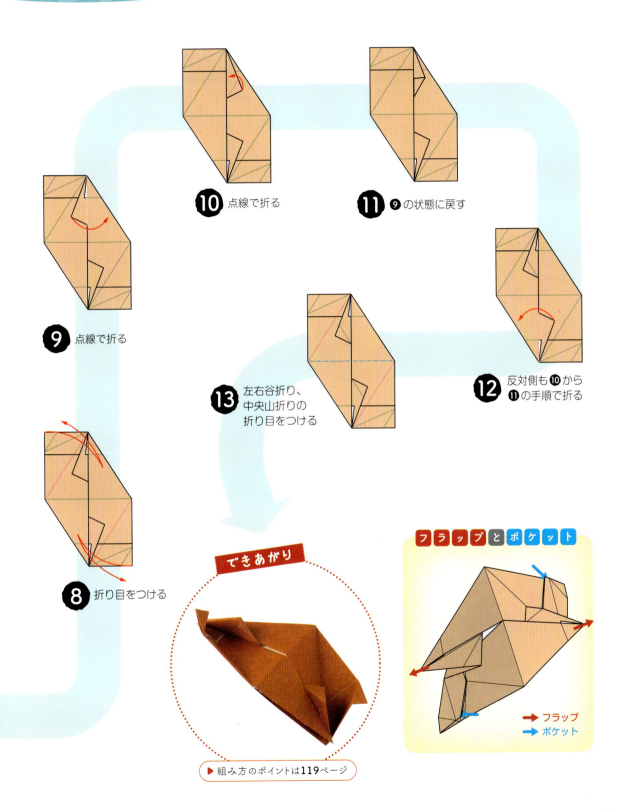

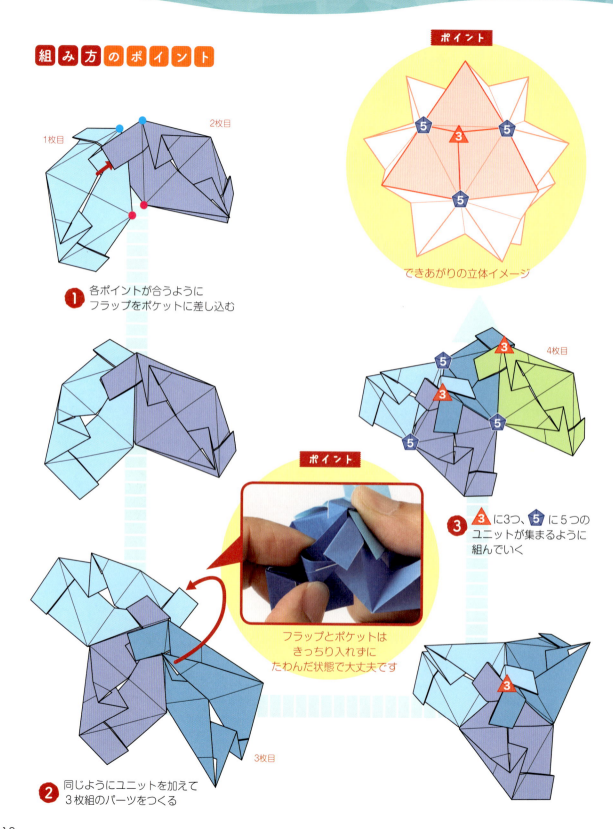

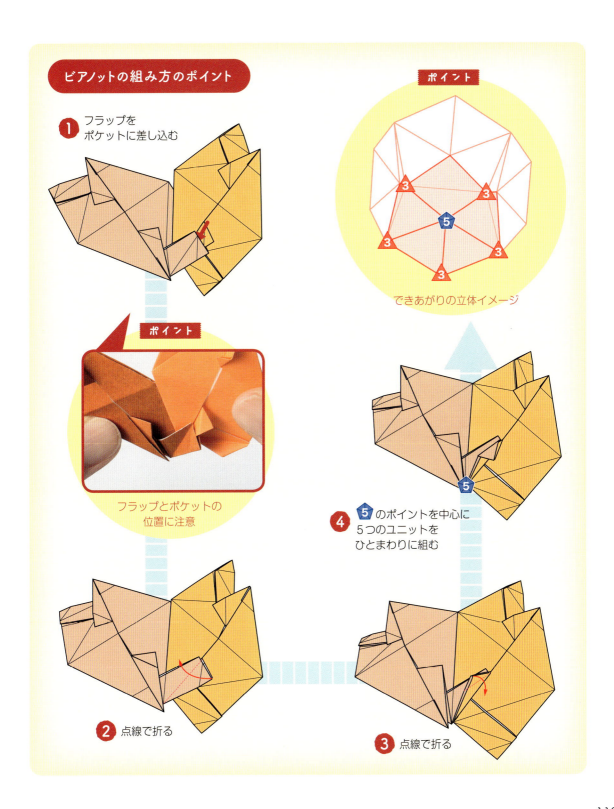

29 LONG YUBIKIRI
長いゆびきり

▶ 作品…28ページ　▶ 組み方…30、32ページ参照
▶ 用意するもの…正方形の折り紙 Ⓐ、Ⓐの2倍大きさの折り紙を細長く1/4に切ったもの Ⓑ
　（各12枚または30枚）

小指と小指を絡ませる指切りのように、ふたつの部品が絡み合ってひとつのパーツができています。どんなデザインの紙を組み合わせるかは、個性の発揮どころです。

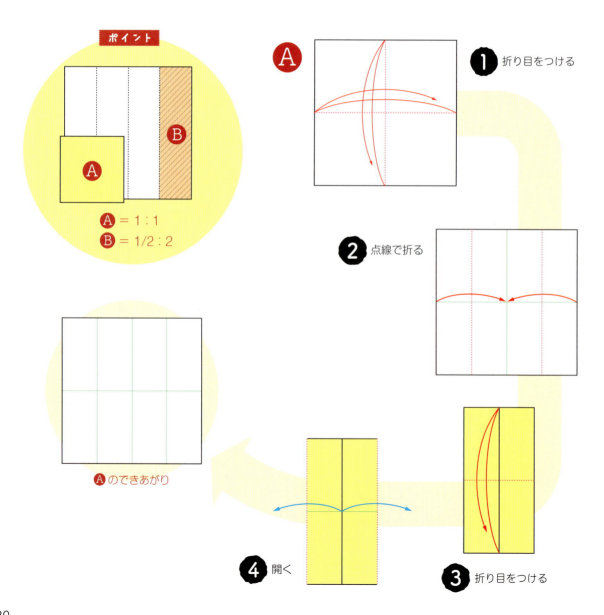

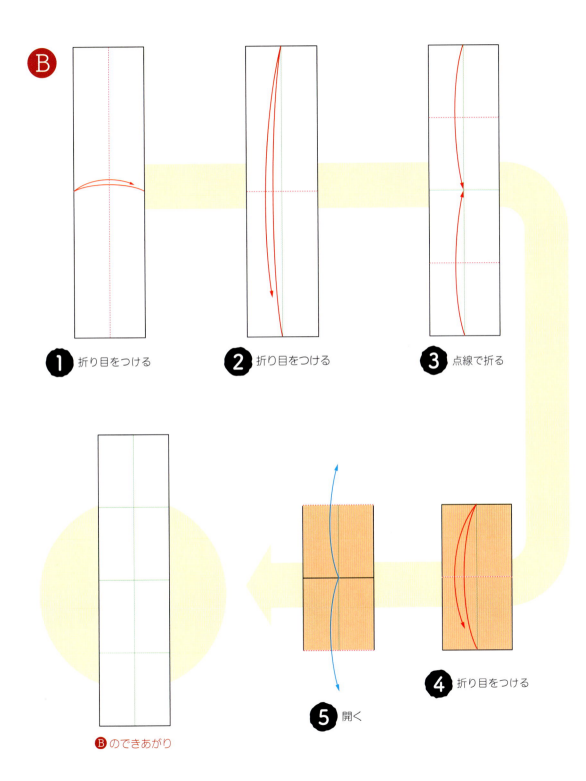

29 長いゆびきり

パーツの組み合わせ方

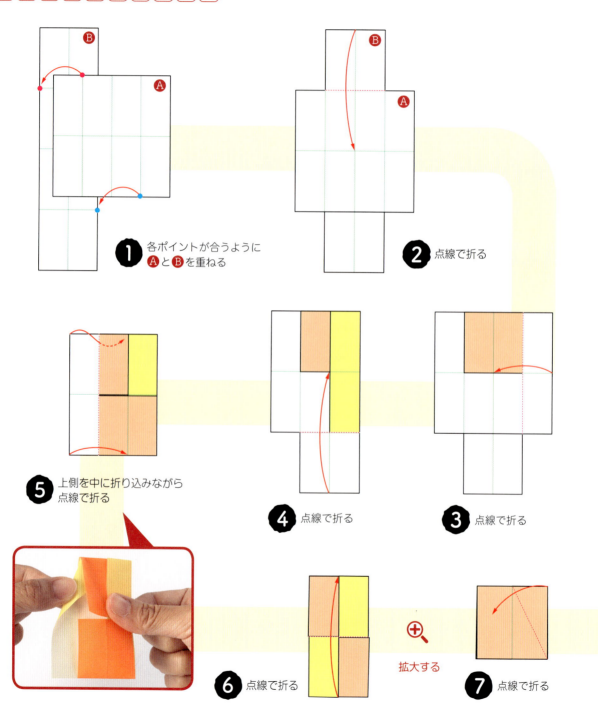

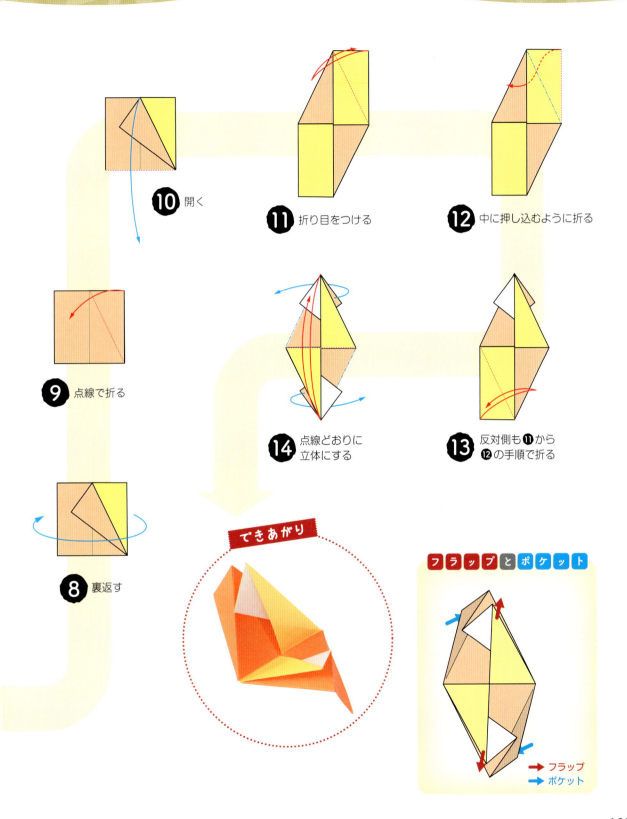

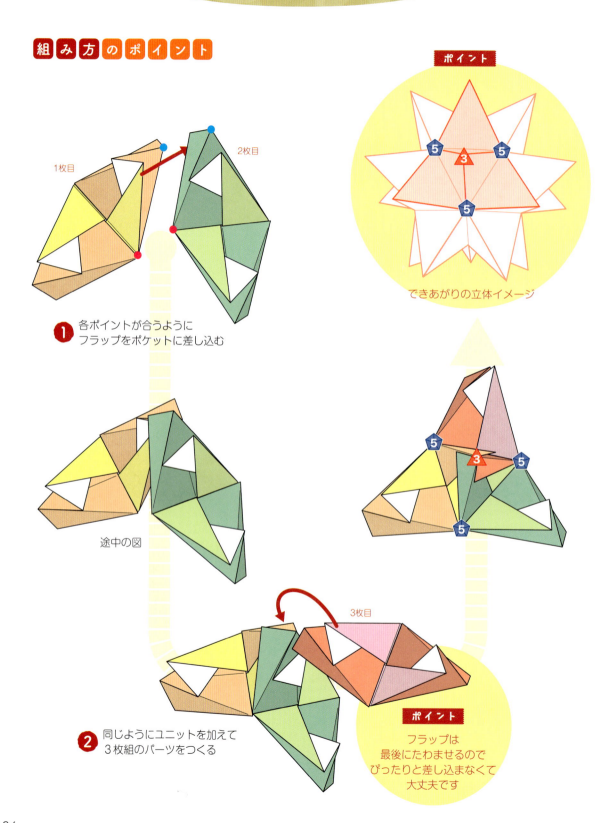

30 WINGBEAT
はばたき

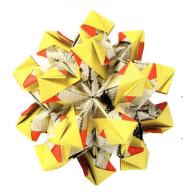

▶ 作品… 28ページ　　▶ 組み方… 30、32ページ参照
▶ 用意するもの… 長いゆびきりのパーツAのできあがり、パーツBの折り紙（各12枚または30枚）

ポケットのスキマから、フラップのデザインがちらりと覗きます。紙の色やデザインは、形から生まれる風の流れに調和と変調をもたらします。

「長いゆびきり（120ページ）」Bのアレンジ。できあがりからはじめる

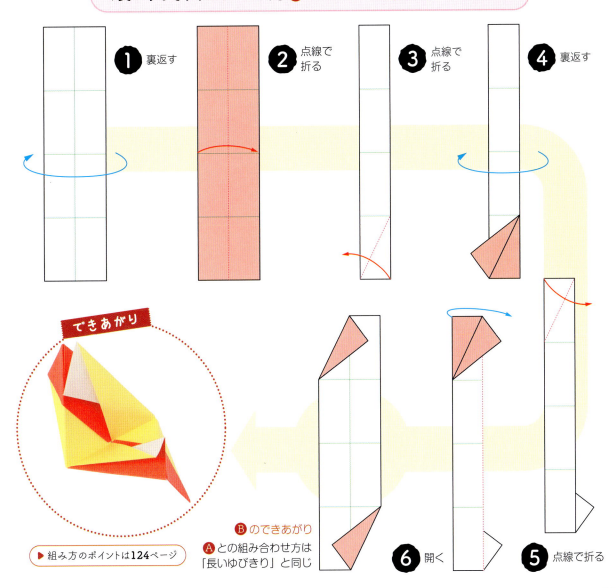

▶ 組み方のポイントは124ページ

125

31 CYCLONE
旋風

▶作品…29ページ　▶組み方…30、32ページ参照
▶用意するもの… 長いゆびきりのパーツⒶのできあがり、パーツⒷの折り紙（各12枚または30枚）

ひとつのパーツを構成するふたつの部品は、裏面が見える仕上がりです。両面折り紙を使うと4つの色が交差し、輪をかけて華やかになります。

「長いゆびきり（120ページ）」Ⓑのアレンジ。できあがりからはじめる

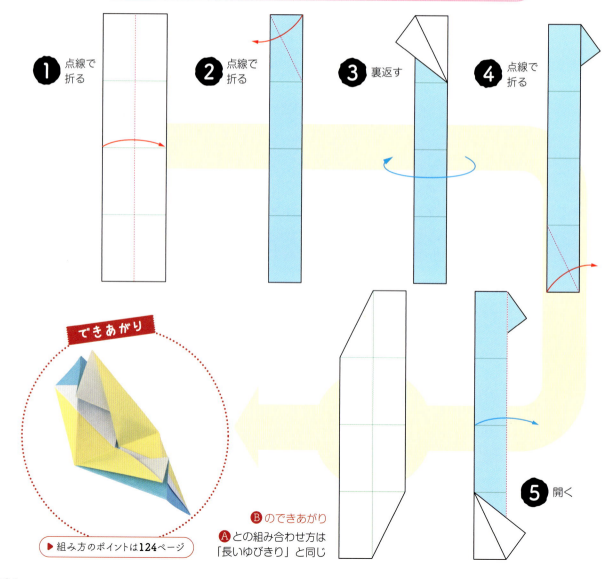

❶ 点線で折る
❷ 点線で折る
❸ 裏返す
❹ 点線で折る
❺ 開く

できあがり

Ⓑのできあがり
Ⓐとの組み合わせ方は「長いゆびきり」と同じ

▶組み方のポイントは124ページ

CYCLONE TSUJI

辻風

▶作品…29ページ ▶組み方…30、32ページ参照
▶用意するもの…長いゆびきりのパーツAのできあがり、パーツBの折り紙（各12枚または30枚）

アレンジされた三角山のデザインが、風を切るように旋回しています。折り目を丁寧にきっちりつけることで、より動きや勢いを表現できます。

「長いゆびきり（120ページ）」Bのアレンジ。❸まで表裏逆に折ってからはじめる

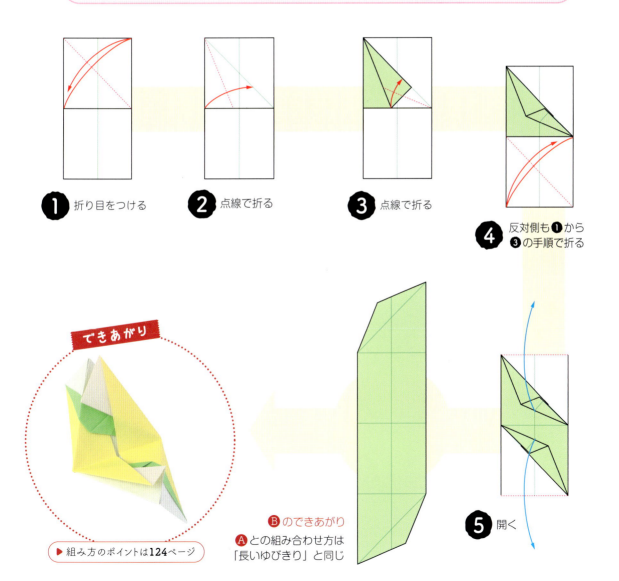

127

つがわ みお

くす玉折り紙作家。
1973年生まれ。鳥取県在住。2002年、帰郷と同時に「折り神」に取り憑かれ、くす玉の創作に目覚める。モジュラータイプのほか、接着剤や糸を用いる手法なども得意とする。著書に「くす玉ユニット折り紙（日本文芸社）」「暮らしを彩る四季のユニットおりがみ飾り（ナツメ社）」など多数。
■ホームページ　https://origamio.com/

スタッフ

- ■写真撮影　　　　天野憲仁（日本文芸社）
- ■カバー＆本文デザイン　齋藤博幸（デイドリーム・ビリーバー）
- ■編集協力　　　　鴨井喜徳（デイドリーム・ビリーバー）
- ■制作協力　　　　小倉万衣香　小原智美　御前聡恵　杉田悠美子
　　　　　　　　　　中山かずは　平松実穂　山本久美

かならず作れる
美しいユニット折り紙

2018年9月20日　第1刷発行
2020年9月10日　第4刷発行

- ■著　者　　つがわ みお
- ■発行者　　吉田 芳史
- ■印刷所　　株式会社光邦
- ■製本所　　株式会社光邦
- ■発行所　　株式会社 日本文芸社
　　　　　　〒135-0001　東京都江東区毛利2-10-18 OCMビル
　　　　　　TEL 03-5638-1660（代表）

Printed in Japan　112180830-112200828 Ⓝ 04　（121005）
ISBN978-4-537-21612-7
■URL　　https://www.nihonbungeisha.co.jp/
©Mio Tsugawa 2018
編集担当　吉村

本書の一部または全部をホームページに掲載したり、本書に掲載された作品を複製して店頭やネットショップなどで無断で販売することは、著作権法で禁じられています。

乱丁・落丁本などの不良品がありましたら、小社製作部宛にお送りください。送料小社負担にておとりかえいたします。

法律で認められた場合を除いて、本書からの複写・転載（電子化を含む）は禁じられています。また、代行業者等の第三者による電子データ化および電子書籍化は、いかなる場合も認められていません。